図解
祝福家庭と神の血統

なぜ我々は神の血統を守るのか

世界平和統一家庭連合

光言社

はじめに

　私たちはなぜ、血統を守るのか。なぜ、純潔を守るのか。

　世界平和統一家庭連合（以下、家庭連合）の信仰において、神様（天の父母様）の血統を守ること、純潔を守ることは、その信仰の核心とも呼べる内容です。

　家庭連合が目指すものを一言で言えば、「神様のもとの人類一家族世界」を実現することです。そのために、家庭連合は様々な分野において努力を積み重ねていますが、その中で最も重要な行事が、祝福結婚式です。

　祝福結婚式は、単に男女が出会って結婚する場ではなく、神様の真の愛と生命、血統を相続する儀式です。そして、祝福結婚を通して生まれた子女同士が大人になり、再び祝福結婚式に参加することも、その神様の真の愛と生命と血統を後代に継承していくという意味を持ちます。

　私たちは、そのような神様を中心とする結婚こそが、「神様のもとの人類一家族世界」を実現するためにも、一人一人が幸せを築いていくためにも、必要不可欠な要素であると捉えています。そして、その時を正しく迎えるために、純潔を守ることを説いています。

　ただ、その価値観が一見すると、現代社会の一般的価値観とは距離があると感じられるため、息苦しさを覚えたり、周囲から好奇の目で見られたりすることがあるというのも事実でしょう。

　実際に、世の中は多くの愛と性の誘惑にあふれています。多感な時期に、これらに囲まれながら過ごすというのは、簡単なことではないでしょう。

しかし、将来出会う、たった一人のために純潔を守り抜き、幸せな家庭を築きたい。その時が来るまで、自分の心と体を清く保ちたい。そう考えることは、それほどおかしなことなのでしょうか。実現不可能な、荒唐無稽なことなのでしょうか。

　本書では、家庭連合が目指し、大切にしているものを「神様の血統」という観点から、なるべく噛(か)み砕いて説明するように努力しました。結論として、神様の血統と純潔を守る大切さを感じてもらうとともに、その実践方法についても考えられるように構成しました。

　全体の章立ては、既刊『祝福家庭と神の血統』（光言社、2021年）に基づいていますが、本書では特に、青年圏に読んでいただくことを意識して編集しています。また、各項目のポイントを図解にして、視覚的にも理解できるように工夫しました。

　本書を親子で一緒に読んだり、教会での勉強会などで活用したりしながら対話を重ねていくことで、心からの納得と誇りを持って、「だから私は、神様の血統を守ります。純潔を守ります」と述べることができるようになることを願ってやみません。

　一人一人が、神様の子女としてのアイデンティティーを確立して生きていく、その一助となることを願いながら、本書を贈ります。

天の父母様聖会 世界平和統一家庭連合

図解 祝福家庭と神の血統

目 次

はじめに ……………………………………………………………………… 2

序 章

1．愛が壊れた世界の中で ………………………………………………… 10
2．私たちが目指しているもの …………………………………………… 12
3．神様の子女としてのアイデンティティー …………………………… 14
本章のポイント …………………………………………………………… 16

第1章 神様の創造理想と結婚

1．アダム・エバ、天使長の創造
　1）神様の愛の対象として創造された人間 ………………………… 18
　2）男女が一つになってこそ、神様の完全な似姿となる ………… 20
　3）天使の創造とその役割 …………………………………………… 22

2．アダム・エバの成長期間
　1）男性と女性の存在理由 …………………………………………… 24
　2）アダム・エバの愛の成長 ………………………………………… 26
　3）自然界から学ぶ愛 ………………………………………………… 28

3．アダム・エバの結婚と愛の完成
　1）愛の成熟と結婚 …………………………………………………… 30
　2）神様の愛の顕現 …………………………………………………… 32

4．本然の家庭と創造理想の完成
- 1）真の父母と血統の出発 ……………………………………… 34
- 2）四位基台の完成 ……………………………………………… 36
- 3）創造理想世界の完成 ………………………………………… 38

5．本然の男女の愛と結婚の意義
- 1）本来的な意味での男女の愛 ………………………………… 40
- 2）夫婦愛の出発 ………………………………………………… 42
- 3）夫婦愛の結実点 ……………………………………………… 44
- 4）愛を完成させる結婚 ………………………………………… 46

本章のポイント …………………………………………………… 48

第2章　堕落による創造理想の喪失

1．アダムとエバの堕落
- 1）堕落の意味 …………………………………………………… 50
- 2）天使長ルーシェルの動機 …………………………………… 52
- 3）偽りの愛による非原理的な関係 …………………………… 54

2．堕落の結果
- 1）本来の立場の喪失 …………………………………………… 56
- 2）本然の夫婦の愛の破壊 ……………………………………… 58

3．愛の原型の変形
- 1）真の愛の価値 ………………………………………………… 60
- 2）自己中心的なものとして固まった愛の原型 ……………… 62
- 3）偽りの愛によって綴られてきた人類歴史 ………………… 64

4．復帰摂理の目的
- 1）神様の真の愛を相続するためには …………………………… 66
- 2）神様の復帰摂理の目的とは …………………………………… 68

本章のポイント …………………………………………………… 70

第3章　血統復帰のための摂理歴史

1．旧約聖書に記された血統復帰のための摂理
　　1）神の血統を復帰するための摂理 …………………………………… 72
　　2）ヤコブによる長子権復帰① ………………………………………… 74
　　3）ヤコブによる長子権復帰② ………………………………………… 76
　　4）タマルの信仰と胎中聖別① ………………………………………… 78
　　5）タマルの信仰と胎中聖別② ………………………………………… 80

2．イエス様を中心とする復帰摂理
　　1）本然のアダムとしてのイエス様誕生 ……………………………… 82
　　2）神の子を誕生させるための基準 …………………………………… 84
　　3）イエス・キリストの目的 …………………………………………… 86
　　4）マリヤとヨセフの不信 ……………………………………………… 88
　　5）十字架の結果 ………………………………………………………… 90

3．再臨主、真の父母を中心とする復帰摂理
　　1）完全蕩減の道 ………………………………………………………… 92
　　2）み言の解明と人類の解放 …………………………………………… 94
　　3）真の結婚式 …………………………………………………………… 96
　　4）真のお母様が歩まれた道 …………………………………………… 98

本章のポイント ………………………………………………………… 100

第4章　祝福結婚の意義と価値

1．真の父母によってもたらされた祝福結婚
　　1）歴史上、初めて示された本然の結婚基準 ……………………… 102
　　2）真の父母の価値 …………………………………………………… 104

2．祝福結婚の意義
　　1）本然の価値の回復 ………………………………………………… 106
　　2）真の父母と永遠の因縁を結ぶ …………………………………… 108

3．血統転換のプロセス
　　1）胎中聖別の基台の上で誕生する本然のアダム ……………… 110
　　2）甘柿と渋柿の例え …………………………………………… 112
　　3）祝福結婚の一連の流れ（聖酒式、祝福式、蕩減棒行事）…… 114
　　4）祝福結婚の一連の流れ（聖別期間、三日行事）……………… 116
　　5）原罪のない、神様の子女の立場 ……………………………… 118

4．理想相対
　　1）理想相対としての役割 ………………………………………… 120
　　2）血統的な課題の清算 …………………………………………… 122
　　3）四大心情の復帰 ………………………………………………… 124
　　4）本然の夫婦愛の完成 …………………………………………… 126
　　5）理想的な未来の出発 …………………………………………… 128

本章のポイント …………………………………………………………… 130

第5章　神の血統を守るべき祝福家庭

1．祝福家庭の歴史的位置
　　1）復帰摂理を通して立てられてきた天の伝統 ………………… 132
　　2）祝福家庭に与えられた、かけがえのない価値 ……………… 134

2．絶対「性」の基準
　　1）絶対純潔 ………………………………………………………… 136
　　2）絶対貞節 ………………………………………………………… 138
　　3）絶対「性」とために生きる実践 ……………………………… 140

3．血統を守るための日々の信仰生活
　　1）信仰生活の意義 ………………………………………………… 142
　　2）愛天・愛人・愛国の生活① …………………………………… 144
　　3）愛天・愛人・愛国の生活② …………………………………… 146
　　4）サタンの戦略・戦術 …………………………………………… 148
　　5）自らを分別し、環境を整える ………………………………… 150

4．血統転換から心情転換へ
　　1）良心に尋ねる ……………………………………………… 152
　　2）孝情を育む ………………………………………………… 154
本章のポイント ……………………………………………………… 156

序　章

序　章

１．愛が壊れた世界の中で

　世界には、数え切れないほど多くの価値観があふれています。私たちは知らず知らずのうちにそれらの影響を受け、何が本当に大切なことか分からなくなって混乱することがあります。

　そのように複雑な世の中ですが、それでも、人間の命は貴い、ということには多くの人が同意するでしょう。一方で、その人間の命を生み出す愛については、曖昧(あいまい)になっていることが多いのではないでしょうか。特に、貴い命を生み出す原因となる**男女（夫婦）の愛は、本来、命以上に貴いものとされるべきですが、そのかたちを歪(ゆが)ませ、破壊するような風潮が蔓延(まんえん)**しています。

　一般的に、お金を盗むことより人を殺すほうが重罪とされるのは、人間の命がお金よりも大切だからです。そうだとすれば、命の根源であり、実際に命を生み出す男女の愛を破壊する行為は、本来、どれほど重い罪となるでしょうか。

　「統一原理」では、人類の最初の夫婦において、その愛が破壊される出来事があったことを説いています。それにより、**神様が準備された最も大事な愛の原型が、歪んでしまった**のです。一度、原型が歪んでしまえば、そこからはいびつなかたちのものしか出てきません。すなわち、愛が本来のかたちではなく、自己中心的なかたちとなって出てくるようになったのです。

　その誤った夫婦の愛、すなわち偽りの夫婦の愛から、偽りの父母の愛、偽りの子女の愛、偽りの兄弟姉妹の愛も出てきました。たとえ親子であっても、兄弟姉妹であっても、お互いに裏切り、傷つけ合う歴史が続いてきたのです。

　現在、テレビやネットを見ると、様々な悲しいニュースが目に飛び込んできます。それらは、愛の原型が破壊され、歪んでしまった結果なのです。

1. 愛が壊れた世界の中で

■世界には、様々な価値観があふれている

■誰もが、命は貴いと言うけれど

命を生み出す愛については、曖昧に扱われている

■堕落によって歪んだ愛の原型

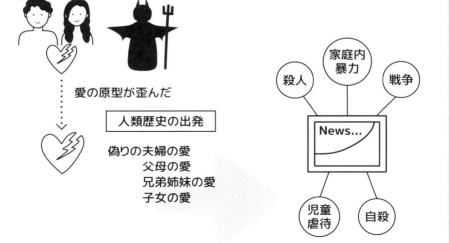

序章

2．私たちが目指しているもの

　このように、私たちが今、生きているのは、愛が壊れてぐちゃぐちゃになった世界です。**真の父母様は、愛が壊れたこの世界を立て直し、再び神様の真の愛を中心とする世界をつくるために、歩んでこられました。**世界平和統一家庭連合（以下、家庭連合）は、その真の父母様のもとで、これまで世界各地で真の愛を実践する活動を行ってきました。その本質は、真の愛を中心として、この世界を神様の願う世界へと生み変えていくことです。

　それでは、私たちはどのようにして、この世界を変えることができるのでしょうか。壊れた愛、すなわち自己中心的な偽りの愛を退けて、ために生きる真の愛を中心とする世界をつくるために、何をすべきなのでしょうか。

　人類が偽りの愛を持つようになったのは、人間始祖の堕落により、人類が神様の血統ではなく、サタンの血統となったからです。堕落によって歪(ゆが)んだ愛の原型から出てくる偽りの愛を、血統を通して引き継いできたからです。**そのような状態から抜け出すためには、再び神様と親子の関係、すなわち、神様との血統関係を回復し、真の愛を受けられるようにならなければなりません。**そのための行事が、1960年の真の父母様の御聖婚から始まった、祝福結婚式です。

　祝福結婚をした家庭、すなわち祝福家庭は、真の父母様によって神様の血統に接ぎ木された立場にあります。**神様の真の愛は、神様の血統を通して初めて現れるので、祝福家庭は歴史上初めて、真の愛をこの世界に現していく使命がある**といえます。私たちが家庭、学校、職場、地域など、様々な所で真の愛を実践するとき、神様を中心として、社会が変わり、世界が変わっていくのです。

2．私たちが目指しているもの

■真の父母様、家庭連合が目指すもの

愛の壊れた世界

神様のもとの人類一家族世界

■どのように世界を生み変えるのか

元に戻すには

堕落	神様との親子関係回復
↓	⇩
サタンの血統	神の血統
↓	⇩
偽りの愛	真の愛

そのための行事が
祝福結婚式

■祝福家庭の立場と使命

神

真の父母

祝福家庭

真の父母によって
神の血統に接ぎ木

神の血統を通して
真の愛が現れる

家庭
学校
職場
地域

社会
世界を
変えていく

などで
真の愛を実践

3．神様の子女としてのアイデンティティー

　人間始祖アダムとエバの堕落以降、聖書では6000年とされる人類歴史の中で、神様は一貫して、人間を救うために歩んでこられました。**その目的は、サタンの血統を断ち切り、再び人間を神様の血統に取り戻すこと**でした。そうして、真の父母様の祝福によって神様の血統に接ぎ木された祝福家庭ですが、まだその闘いは終わっていません。全人類が祝福を受け、神様の血統に戻るまで、闘いは続くのです。

　私たちが暮らしている環境は、まだサタンの影響を強く受けており、多くの誘惑があります。**サタンの戦略・戦術は、血統を主管することです。堕落した人間が神様の血統に戻らないように、もしくは、祝福家庭や祝福子女を再びサタンの血統に引き戻すために、様々な画策をしているのです**。私たちの日常には、私たちの足をすくうための罠(わな)がたくさん潜んでいます。エデンの園で行われた善悪の闘いが、今この瞬間、私たちの中で、私たちの周りで起こっているのです。

　偽りの愛は、友人との何気ない会話の中に、流行りのテレビドラマのセリフの中に、毎日見るスマホのメッセージの中に隠れながら、私たちの魂に染み込み、影響を与えます。私たちはそれらをしっかりと分別しながら、神様と真の父母様の願いを正しく理解し、行動していかなければなりません。

　神様と真の父母様への最高の孝行は、祝福結婚を通して頂いた神様の血統を守り抜き、広げていくことです。私たちが天に捧げる最高の孝情(ヒョヂョン)は、真の愛、真の生命、真の血統から出発するのです。本書が、神様の血統につながり、神様の子女となった者としてのアイデンティティーを改めて認識するきっかけとなれば幸いです。

3．神様の子女としてのアイデンティティー

■復帰摂理の目的

救いの目的 ： 神の血統に取り戻すこと　→　真の父母によって重生

■サタンの戦略・戦術

血統を主管することで人間を支配

再びサタンの血統に
引き戻すために画策

エデンの園で起こったような
善悪の闘いが今ここで起こっている

■神様と真の父母様に対する最高の孝行

神の血統を守り抜き、広げていくこと

偽りの愛の情報を分別する

私たちが天に捧げる最高の孝情
真の愛・生命・血統から出発

序章

❗ 本章のポイント

- 人間の命を生み出す原因となる男女（夫婦）の愛は、本来、命以上に貴いものとされるべきだが、そのかたちを歪ませ、破壊するような風潮が蔓延している。

- 人間始祖の堕落によって、神様が準備された最も大事な愛の原型が歪んでしまった。そこから、偽りの夫婦の愛、偽りの父母の愛、偽りの子女の愛、偽りの兄弟姉妹の愛が出てきている。

- 真の父母様は、このように愛が壊れた世界を立て直し、再び神様の真の愛を中心とする世界をつくるために歩んでこられた。

- 人間がこのような状態から抜け出すためには、再び神様と親子の関係、すなわち、神様との血統関係を回復し、真の愛を受けられるようにならなければならない。

- 祝福家庭は、真の父母様によって神様の血統に接ぎ木された立場。神様の真の愛は、神様の血統を通して初めて現れるので、祝福家庭はこの真の愛を世界に現していく使命がある。

- サタンの戦略・戦術は、血統を主管すること。サタンは私たち人間に対して、様々な画策をしている。それをしっかりと分別していかなければならない。

- 神様と真の父母様への最高の孝行は、祝福結婚を通して頂いた神様の血統を守り抜き、広げていくことである。

❓ 話し合ってみよう

- 世の中で「男女の愛」、「夫婦の愛」と言えば、どのようなイメージがあるだろうか？

- 日々の生活の中で、「私」を狙っているサタンの画策を感じたことはあるだろうか？

第1章

神様の創造理想と結婚

第1章　神様の創造理想と結婚

１．アダム・エバ、天使長の創造

１）神様の愛の対象として創造された人間

　神様は全知全能であり、絶対的存在です。それならばなぜ、この世界を創造する必要があったのでしょうか。実は、完全無欠と思われる神様でも、おひとりではどうしても実現できないことがありました。それは誰かを、何かを愛するということです。愛するには、その前提として、愛する対象がいなければなりません。ですから、**神様はご自分の愛を注ぐ対象として人間をつくり、その人間が住む環境として、この世界をつくられた**のです。

　創造に当たって、神様はご自分が持てる力をすべて投入されました。ご自分以上に価値ある存在として、対象をつくろうとされたのです。そこに、愛の本質があります。**決して見返りを求めることなく、相手の幸福のために全力を尽くすところから、真の愛が現れてくる**のです。神様はこのような思いで人間を創造し、その人間を中心として、真の愛の理想による世界を実現しようとされたのです。

　このように考えるとき、**神様は人間をまさにご自身の子女として創造**されたのであり、**人間にとって神様は父母なる神様、すなわち天の父母様**であられるのです。

　一方で、神様は人間が成長し、完成した暁には、彼らの中に直接臨在し、この世界を主管しようとされました。すなわち、人間には神様の宮、神様の体としての役割もあるのです。

　無形でいらっしゃる神様は、たとえ霊界でも、目には見えないといいます。形がないので、ご自分が創造された世界に直接触れ、刺激を受けることもできません。霊界と地上世界を併せて「天宙」といいますが、**神様は人間始祖アダムとエバが完成したら、その中に臨在し、天宙から無限の刺激を受けながら、共に喜び、楽しもうとされた**のです。

■神様が人間を創造された理由

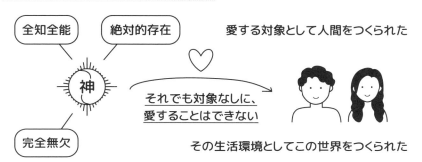

■神様の完全投入

■神様の体の役割を果たす人間

- 無形の神様は、霊界でも目に見えない
- 人間が完成したら、直接臨在し、世界を主管
- 天宙から無限の刺激を受けながら共に生活

第1章　神様の創造理想と結婚

２）男女が一つになってこそ、神様の完全な似姿となる

　それでは、神様はなぜ、人間を１人だけでなく、男女のペアとしてつくられたのでしょうか。**もし、人間がたった１人で、神様と縦的な関係だけを結ぶ存在であれば、神様の愛の理想はこの世界に広がっていきません。**たとえ複数の人間がいたとしても、それぞれが神様と縦的な関係を持つだけの存在であれば、そこで愛が完結してしまうのです。神様は、そのような世界は願われませんでした。神様から愛を受けた人間が、その愛をもってお互いに愛し合うことを通して、愛の理想を広げていこうとされたのです。

　そこで神様は、御自身の中のプラスの性稟（せいひん）（本陽性）とマイナスの性稟（本陰性）をそれぞれ実体化させて男性と女性をつくり、その二人が夫婦として愛で一つになることによって、神様の完全な似姿となるようにされました。そして、そこから新しい生命も生まれるようにされたのです。

　こうして人間は、神様と縦的な関係を結ぶとともに、その神様を中心として横的な関係を結びながら、生きるようになりました。その横的な関係の根本は、神様を中心として結ばれた夫婦関係です。そして、そこから生まれた子供たちは、神様を中心とする家族として、お互いにために生き合うようになります。

　このように**神様は、すべての人間関係が、神様を中心とする１組の夫婦、さらには、そこから出発した一つの家族関係を土台として広がっていくように創造された**のです。

■神様が男性と女性をつくられた理由

■夫婦になることで神様の完全な似姿に

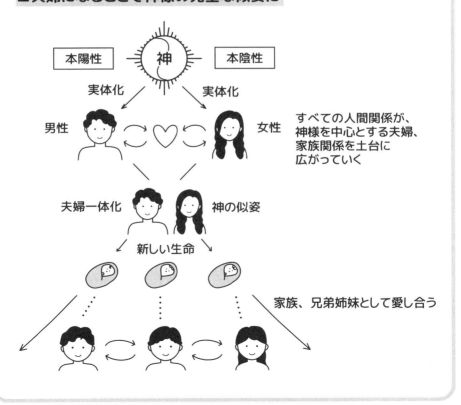

第1章　神様の創造理想と結婚

3）天使の創造とその役割

　このような人間の創造に先立って、神様は天使をおつくりになりました。旧約聖書の創世記第1章26節に、「神はまた言われた、『われわれのかたちに、われわれにかたどって人を造り』」とありますが、ここで「われわれ」というように複数形で記されているのは、神様が天使を含めてご自身を表現されたものだと考えられます。

　天使は、創造が進んでいく段階ごとに、**賛美、感謝、協助（力を合わせ、助け合うこと）を通して、神様に喜びと栄光をお返しする役割**を担っていました。天宙を創造していく過程で、このような役割を果たす天使たちが、神様にとって大きな励ましとなったことでしょう。

　一方、人間が神様の子女としてつくられたのに対して、天使はあくまでも仕える者として創造されました。**神様と人間が親子関係であるとするならば、神様と天使は主人と僕(しもべ)の関係です。**ただし、人間が完成した場合には、人間が神様の愛をもって、天使さえも正しく主管するようになっていました。そうすれば、天使も人間を通して神様の愛をふんだんに受け、満足するようになっていたといえます。

　そのような天使の中で、中心的な位置にいたのが、天使長ルーシェルです。**ルーシェルは、人間始祖アダムとエバが成長し、完成していく姿を見守る立場にいました。**アダムとエバの誕生前から彼らに侍(はべ)り、彼らが結婚するまでの間、保護し、育成する役割を神様から与えられていたのです。人間はこのように、天使長の協助を受けながら、完成するように創造されていました。

1. アダム・エバ、天使長の創造

■天使の役割

■天使の立場

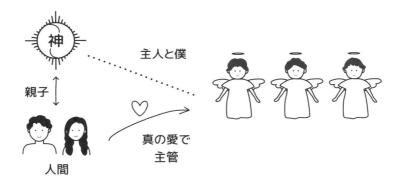

■天使長ルーシェル

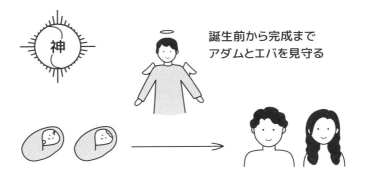

第1章　神様の創造理想と結婚

２．アダム・エバの成長期間

１）男性と女性の存在理由

　この世界には、男性と女性という、二つの性があります。それでは、この二つの性は、お互いにどのような関係を持っているのでしょうか。敵対する関係でしょうか、それとも、そもそも関係など全くないのでしょうか。

　神様は男性と女性を、お互いのために生き、補い合う、相対的関係として創造されました。 男性は女性に出会うために生まれ、女性は男性に出会うために生まれたのです。

　男性と女性を比較してみると、様々な面において反対になっており、相対的につり合っています。 例えば、男性の声は低く、女性の声は高くなっています。また、骨格を見ても、女性は腰の骨が大きくて肩幅が狭いですが、男性はその逆です。性格においても、全体的な傾向として、男性は冒険や挑戦を好む一方、女性は調和や平和を求めるといえます。それは、無意味にそうなっているわけではなく、お互いに補い合うために、相対的につくられているからです。

　その観点からすれば、ある男性がいくら美男子で筋骨たくましく、地位や財産、権力を持っているといっても、女性がいなければ、意味がありません。逆も然（しか）りです。そのような関係性を無視して、自分の容姿や能力、知識などにうっとり酔いしれて生きるのは、この上なく虚（むな）しいことです。

　もし、男性が「女性など必要ない」と言い、女性が「男性など必要ない」と言えば、100年もたたないうちに、人類は滅んでしまうでしょう。**男性が男性としての目的を果たすためには、女性が共にいなければならないし、女性もまた、女性としての目的を果たすために、男性を必要とするのです。**

■男性と女性の関係

どのような関係？

VS？
無関係？
それとも？

男性　　　　女性

総じて……

男性		女性
低い声 広い肩 冒険や挑戦	お互いの ために生き 補い合う 相対的関係	高い声 狭い肩 調和、平和

■お互いのために生まれた男性と女性

おれってたくましい

私ってきれい……

自分自身に酔って生きても虚しいだけ　　　男性は女性のために
　　　　　　　　　　　　　　　　　　　　女性は男性のために生まれた

第1章　神様の創造理想と結婚

２）アダム・エバの愛の成長

　人間始祖アダムとエバは、このように、お互いに必ず必要な存在として創造されました。それでは、二人は実際に、どのような段階を経ながら成長していくのでしょうか。「統一原理」では、それを**四つの愛の成長**という観点で説明しています。ここではまず、子女の愛と兄弟姉妹の愛について取り上げます。

　神様はアダムとエバの創造に当たって、完全投入をされました。また、アダムとエバの誕生後も、神様の愛を常に二人に注いでいました。そのため、アダムとエバは成長とともにその心が神様の方向に向かい、神様との間に縦的心情関係が結ばれていくようになっていました。人間の親子関係において、親が子供にすべてを投入すれば、成長とともに子供の心が親に向かうのと同じです。

　そのような中で、アダムとエバは、自分たちに対する神様の愛を感じるとともに、その**神様の愛に応えたい、神様を喜ばせてさしあげたいという気持ちを育んでいきます。これこそまさに、親なる神様に対する子女の愛です。**アダムとエバは、まず神様との関係の中で、このような子女の愛を育むのです。

　さらに**アダムとエバは、同じ神様から創造された者として、成長とともに兄と妹、また弟と姉として、兄弟姉妹の愛を育むようになっていました。**アダムとエバはお互いを慈しみ、尊敬し、慕いながら、二人の間に兄弟姉妹としての伝統を立て、愛を成熟させていくようになっていたのです。

　このように、アダムとエバはまず個人として、子女の愛、兄弟姉妹の愛を十分に育んでいく必要がありました。それが、その後の段階である夫婦の愛、父母の愛の基礎となるのです。

2．アダム・エバの成長期間

■四つの愛の成長

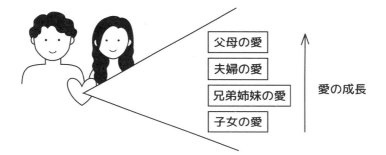

■子女の愛

神様との関係の中で子女の愛が育まれる

■兄弟姉妹の愛

第1章　神様の創造理想と結婚

3）自然界から学ぶ愛

　一方で、人間は神様との縦的心情関係を土台としながら、**自然界を教科書にして様々な知識を身につけ、真理を悟っていく**ようにも創造されました。リンゴが落ちるのを見て引力を発見し、鳥が飛ぶのを見習いながら飛行機を発明したように、自然界は私たちに必要なあらゆる知識を提供してくれます。注意深く自然を観察すれば、創造の神秘とともに、その原因である神様の存在をも見いだすことができるのです。

　このような意味で、自然は人間が成長していく過程において、最高の教師だといえます。その中でも、**自然界が私たちに提供してくれる最高の役割は、愛の教材としての役割です。**

　きれいな花を見れば、花を大切にし、保護してあげたいという愛の心が育まれます。かわいい動物を見れば、愛の刺激を受け、やはりかわいがって、何かを与えたいという気持ちや、いたわりの気持ちが湧いてきます。動物の親子の世界には、高度な犠牲的愛の境地も見いだすことができます。ひな鳥に危険が迫れば、親鳥は自らの命をなげうってでも子を守ろうとしますし、鮭（さけ）は自らの体を傷だらけにしながらも川を上り、産卵をして死んでいきます。

　さらに、アダムとエバは物心がついていくに従って、自然界がすべてプラスとマイナスでつくられていることに気づくようになります。昆虫世界を見ても、動物世界を見ても、みなペアで存在し、存続しています。このように、**自然界がすべて愛を中心とするペアシステムでつくられていることを発見する中で、アダムとエバは自然に、次の段階である夫婦の愛について学んでいくのです。**

2．アダム・エバの成長期間

■人間は自然界からも多く学ぶ

■愛の教材としての自然界

■ペアシステムでつくられている自然界

> このような自然の姿を
> 観察しながら
> アダムとエバは
> 自然に夫婦の愛を学んでいく

第1章　神様の創造理想と結婚

3．アダム・エバの結婚と愛の完成

1）愛の成熟と結婚

　アダムとエバが個性を完成し、子女の愛、兄弟姉妹の愛が十分に成熟する段階を迎えると、やがてお互いを異性として意識するようになります。それまで兄と妹、もしくは弟と姉という関係だったのが、思春期を迎えることで、お互いを将来の夫として、妻として認識し始めるのです。

　彼らは、神様が与えてくださった自然の教科書で学びながら、誰に教わるでもなく、そのように感じるようになっていきます。また、神様がアダムとエバの心に働きかけ、彼らを夫婦として結んでくださるようになっていたのです。

　思春期を迎えたアダムとエバが、個性を完成し、異性に正しく対することのできる資格を備えたとき、神様を中心とした男女の愛の関係が始まります。それは同時に、二人が**天宙の中心的存在として、天地の調和に責任を持つ立場に立つ**ことを意味します。

　ここにおいて、アダムとエバが、お互いにとっていかに素晴らしい愛の対象であったとしても、個人において十分に愛が成熟していなければ、その関係は不完全なものとならざるを得ません。**子女の愛、兄弟姉妹の愛が十分に成熟した上で、理想的な愛の対象を持つとき、そこに理想的な愛が現れてくる**のです。

　このような段階を経て、神様の許しと祝福のもとで結ばれるのが、アダムとエバにおける本来の結婚です。この結婚によって、アダムとエバは本然の基準における夫婦の愛を味わうようになるのです。

3．アダム・エバの結婚と愛の完成

■思春期と結婚

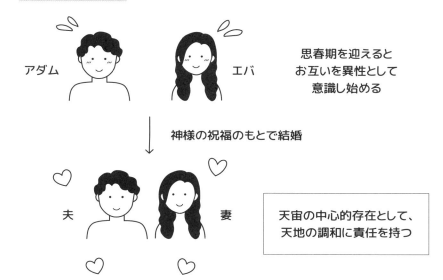

■愛が十分に成熟してこそ

神様に対する子女の愛、お互いに対する兄弟姉妹の愛を十分に育んでこそ
理想的な夫婦愛を味わえる

第1章　神様の創造理想と結婚

2）神様の愛の顕現

　本来、アダムが1人だけでいても、エバが1人だけでいても、神様の完全な愛の対象になることはできません。**アダムとエバが神様を中心として真の愛で一体化したとき、すなわち理想的夫婦となったときに初めて、神様の完全な愛の対象の位置に立つ**のです。

　男性は、神様のプラスの性稟（せいひん）（本陽性）を代表しており、女性は、神様のマイナスの性稟（本陰性）を代表しています。この二人が神様を中心として結合することはすなわち、神様の中の二性が結合することを表します。人間はそうすることによって初めて、神様に似た中和体となり、神様の完全な愛の対象となるのです。

　言い換えると、アダムとエバが夫婦として完成するとき、神様は初めて、完全な愛の対象を持つようになるといえます。そして、愛は対象を通して現れてくるものなので、**神様はアダムとエバの結婚を通して、御自身の愛を完全に体験されるのです**。それと同時に、**被造世界においても、その結婚を通して、神様の愛が完全な形で現れます**。いかに神様が愛の主体であり、愛に満ちあふれている方であるといっても、愛する対象がなければ、神様の愛は現れる術（すべ）がありません。また、その対象が神様の完全な似姿でなければ、神様の愛も完全な形では現れないのです。

　このように、本来、**アダムとエバの結婚を通して、神様の愛が被造世界において完全に現れ、真の愛が完成**するようになっていました。神様の最高傑作としてつくられたアダムとエバが、神様を中心として愛し合うならば、それは最高に美しい愛、代表的な愛、永遠に輝くことのできる愛となるのです。それが、本来の夫婦愛なのです。

3. アダム・エバの結婚と愛の完成

■神様の完全な愛の対象

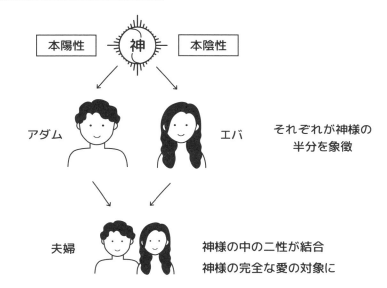

それぞれが神様の半分を象徴

神様の中の二性が結合
神様の完全な愛の対象に

■アダムとエバの結婚の意味

・神様が初めて完全な愛の対象を持つ
・神様が御自身の愛を完全に体験される
・被造世界において、神様の愛が完全に顕現する

第1章　神様の創造理想と結婚

4．本然の家庭と創造理想の完成

1）真の父母と血統の出発

　結婚を通して神様の完全なる似姿となり、神様の完全なる愛の対象として立ったアダムとエバを、「真の父母」と呼びます。神様が縦的な父母であるとすれば、彼らは人類最初の夫婦として、全人類に神様の愛と生命と血統を相続させていく横的父母となります。ここから、神様を中心とした家庭、氏族、民族、国家、世界が広がっていくのです。

　そのためには、次の段階として、アダムとエバが子女を生まなければなりません。いくら理想的な夫婦であっても、その愛と理想を地上に存続させるためには、子女が必要となるのです。

　アダムとエバの夫婦愛、すなわち横的愛と、神様との縦的愛が一致して子女が誕生するとき、その子女はアダムとエバの子女であるとともに、神様の子女の位置に立ちます。ここにおいて、神様から始まった愛が、アダムとエバ、そして子女という順序で、実体的に代を経て、流れるようになるのです。

　アダムとエバが夫婦二人でいる段階では、地上に神様の愛が現れているといっても、その二人にとどまっている状態です。しかし、彼らが子女を生むことで、**神様の愛が生命という形で結実し、さらに代を経ながら、地上に広がるようになるのです。**

　親子関係を通して流れるようになるこの愛と生命の回路が、**血統**です。この血統は、アダムとエバの子孫が増えていくにつれ、自動的に相続されていきます。そして、この血統を通して、神様の愛と生命が全人類に相続されていくのです。神様の血統は、このようにして出発するのです。

4．本然の家庭と創造理想の完成

■真の父母の立場

※堕落が起きなかった場合

縦的真の父母

神様の
完全な似姿
完全な愛の対象

横的真の父母

全人類に神様の
愛と生命と血統を相続

■血統の出発

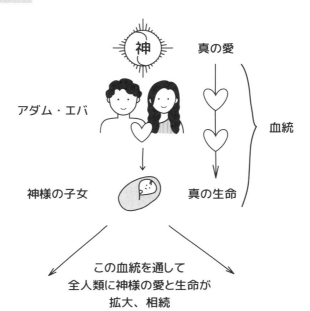

第1章　神様の創造理想と結婚

2）四位基台の完成

　アダムとエバ、そして彼らの子女を比較すると、どちらも神様の子女であり、愛の対象ではありますが、その成長段階における環境には、違う点があります。

　アダムとエバの場合は、成長段階において、父母の愛を無形の神様から感じるだけでした。しかし、その子女の場合はそれに加えて、実体の親としてアダムとエバがおり、生まれた時から愛の心情関係が結ばれています。すなわち、神様と一つになったアダムとエバによる、絶対的な真の愛の圏内、平和な愛の垣根の中で育つので、たとえ未完成期であっても、堕落することはあり得ないのです。アダムとエバの子女は、そのような環境において育ちながら、神様の血統を通して、神様の愛を自動的に相続するようになっていました。

　このように、**神様から出発した愛が、アダムとエバを通して子女に伝達され、神様、アダム・エバ（夫婦、父母）、子女が神様を中心とした愛の関係で結ばれるとき、理想家庭が成立**します。神様の創造理想の完成とは、このような家庭理想を完成することでした。

　これを「四位基台の完成」と表現することができます。**四位基台とは、中心、主体、対象、合性体の四つの位置とその関係を空間的に捉えた概念**ですが、これを家庭に当てはめると、神様を中心として、夫（主体）と妻（対象）が一体化し、子女（合性体）を生むとともに、各自が深い愛によって結ばれている状態といえます。このような**四位基台を完成した家庭を基地として、神様の永遠の愛の理想が被造世界に展開されていく**のです。

■アダムとエバと、その子女たちの違い

アダムとエバ

無形の神様から父母の愛を受けるのみ

アダムとエバの子女

神様からの愛と共に、実体の親である
アダム・エバからも父母の愛を受ける
→神様の血統を通して、
　神様の愛と生命を相続

■四位基台の完成

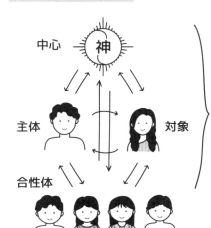

それぞれの立場の存在が、
神様を中心とした愛の関係で結ばれる

→ 理想家庭の成立

→ 四位基台の完成

ここから神様の永遠の愛の理想が展開していく

第1章　神様の創造理想と結婚

3）創造理想世界の完成

　神様が人間を創造された目的の一つに、完成した人間を神の宮として、その中に住み、この世界を直接主管するということがありました。無形なる神様が有形なる世界を愛するためには、神様御自身も有形の体を持つ必要があります。ですから**神様は、御自身が心のような立場に立ち、人間を神様の体として用いながら、この世界を主管していこうとされた**のです。

　ここにおいて、アダムとエバの完成は、神様の体（本形状）が実体として完成することを意味します。特に人間始祖であるアダムとエバの創造に当たって、神様はその人相や人格が、神様を表すような姿にならなければならないと考えていらっしゃったといいます。神様は、まさに完成したアダムとエバの姿を通して、天宙に実体的に顕現しようとされたのです。

　それが実現した場合、**あらゆる被造物は、完成したアダムとエバを通して、神様と愛の関係を結んでいく**ことになります。そのようにして、すべての被造物が、アダムとエバを通して神様と絶対的な真の愛の関係を結べば、それが神様の創造理想世界の完成となります。その真の愛を中心として、神様も、人間も、天使も、そのほかの万物もみな、完全に一体化するのです。

　このような真の愛を完成する基準となるのが、アダムとエバの結婚です。それなくして、神様の愛の完成も、被造世界における神様の完全なる顕現も、さらには神様の創造理想の完成もありません。ですから、**アダムとエバの結婚と神様の創造理想の完成は、一体不可分の関係にある**といえるのです。

■完成した人間に臨在される神様

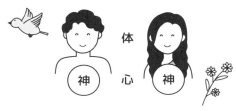

→ <u>人間は神様の体</u>

完成したアダム・エバを通して
神様が天宙に実体的に顕現

神様は
人間の体を通してこの世界を主管

■創造理想世界の完成

あらゆる被造物が
完成したアダム・エバを通して
神様と愛の関係を結んでいく

| アダム・エバの結婚 | ：神様の創造理想の完成と一体不可分 |

第1章　神様の創造理想と結婚

5．本然の男女の愛と結婚の意義

1）本来的な意味での男女の愛

　これまで見てきた内容を踏まえると、本来、男女の愛とはどのようなものなのでしょうか。人間にとって異性との出会いの出発点は、女性であれば父親であり、男性であれば母親です。ここにおいては、異性としての感覚を完全に超えています。**女性はまず、理想的な父の愛を受け、真の娘として育ちながら、父親を愛し、尊敬していきます。男性も、理想的な母の愛を受け、真の息子として育ちながら、母親を愛し、尊敬していく**のです。

　その次の段階として、女性であれば、理想的な兄の愛を受けた妹として、もしくは弟の愛を受けた姉として、兄弟を慕い、愛していくようになります。一方、男性であれば、理想的な姉の愛を受けた弟として、もしくは妹の愛を受けた兄として、姉妹を愛していくようになるのです。

　ですから、**同年代の異性に対するときは、まず相手を、このような兄弟姉妹の延長で捉える必要があります。**そしてお互いに、尊敬する兄弟姉妹であるという関係をつくっていかなければなりません。

　さらに、その中から実際に結婚をすることになる配偶者が決まったとしても、やはりその相手との間で、まずは兄弟姉妹としての愛をしっかりと育む必要があります。その上で、その愛を異性の愛へと発展させていくのです。それが本来の男女の愛であり、夫婦愛です。

　したがって、一般的に考えられているように、男女の愛というのは子女の愛、兄弟姉妹の愛と全く切り離されたものではなく、むしろそれを土台として築かれるものなのです。**父母に対する子女の愛、兄弟姉妹に対する愛をしっかりと成長させた上で、さらに次元の高い異性の愛、男女の愛へと発展させていく**ようになっているのです。

5．本然の男女の愛と結婚の意義

■男女間における愛の成長

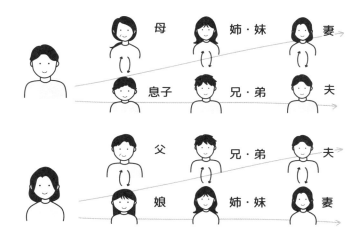

■男女（夫婦）の愛の土台

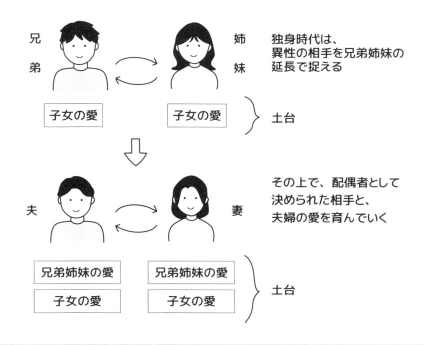

第1章　神様の創造理想と結婚

2）夫婦愛の出発

　このような過程を経て、実際に男女の愛に転換されていく時期が、思春期です。思春期は、一生に二度とない愛の花が咲く時期であり、天地の調和の中で男女の美しさが最もよく現れる時期です。まさに人間が、**神様の傑作としてきらめく絶頂の期間**なのです。

　この期間は感情が最高に誘発されるため、すべてのものに接して縁を結ぶことができます。本来、人間として最高の時期であり、一生で一番貴いこの青春時代に、相対を探していくようになっているのです。神様は、男女が華やかな青春を送るこの時期に、幸福の宮殿への門として、結婚という祝福を与えようとされたのです。

　これまで述べてきたように、1人で愛するということはできません。必ず、相対が必要となります。ですから、**自分にとっては相対こそが、愛の主人**といえます。相対のために尽くす程度に比例して、愛の次元が高まっていくのです。思春期までに、それぞれ十分に成長した男女が、このような観点で結婚して夫婦となり、神様を中心とした真の愛で愛し合うようになるとき、神様の願われる夫婦愛が始まるのです。

　結婚後、**お互いを愛の主人の位置に立ててくれたことに感謝しながら、夫婦が生活の中で真の愛を授け受けすることで、本然の夫婦の心情圏が育まれていきます。**夫と妻が、お互いに自分の命を犠牲にしてでも相手のために生き、神様に侍(はべ)るような心情で侍り合って暮らすとき、共に真の愛を体恤(たいじゅつ)し、夫婦の愛を完成していけるのです。

■思春期の意義

愛の花が咲く　　感情が最高に誘発

最も美しさが現れる　　神様の傑作としてきらめく絶頂の時期

<u>神様は本来、この時期に結婚という祝福を与えようとされた</u>

■愛の主人

相対がいてこそ、愛することができる　⇒　相対こそ、自分の愛の主人

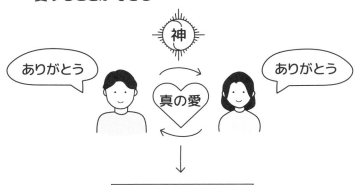

本然の夫婦の心情圏

お互いに、自分の命を犠牲にしてでも
相手のために生き、神様に
侍るような心情で侍り合って暮らす

第1章　神様の創造理想と結婚

3）夫婦愛の結実点

　それでは、この夫婦愛はどこにおいて実を結ぶのでしょうか。夫と妻が究極的に一体化できるのは、愛の器官、すなわち生殖器においてです。肉体の細胞の一つ一つを一体化させ、さらにはそこから霊人体までも、100パーセント一つにさせ得るのが、愛の器官なのです。**生殖器は、夫婦が愛を中心として霊肉共に完全に共鳴し、一体化するための通路であり、夫婦の愛の結実点**となります。

　人間には様々な器官がありますが、その中で最も重要な器官が、生殖器です。なぜなら、他の器官は個体を維持、成長させるために必要なものですが、生殖器は夫婦を霊肉共に一体化させるということに加えて、次代の生命を創造し、血統を継承させる器官でもあるからです。

　男性も女性も、生殖器がその機能を完全に発揮するのは、結婚し、配偶者と出会う時です。ですから、神様はこの愛の器官の主人を、お互いに取り替えておかれました。すなわち、**自分の生殖器の主人は、自分自身ではなく、配偶者なのです。その主人に出会うまで、自らの生殖器を正しく管理し、守り抜くことが、人間の責任分担**です。結婚を通して、自らの生殖器の主人と出会うことで、人間は神様の完全な似姿となり、神様の愛を顕現させることができるのです。

　このような意味で、生殖器は、まさに神様の創造目的実現に不可欠な器官であり、神様が創造されたものの中で、最も神聖なものです。**生殖器は、人間の愛の本宮、生命の本宮、血統の本宮、そして、良心の本宮**です。これを汚したり、誤用、乱用したりすることは、神様の創造理想を破壊する行為となるのです。

5．本然の男女の愛と結婚の意義

■生殖器の価値

霊人体・肉身が完全に一体化　　　　　次代の生命を創造
　夫婦の愛の結実点　　　→ 生殖器 ←　血統を継承させる
　　　　　　　　　　　　　　　⋮
　　　　　　　　　　　最も重要な器官

■生殖器の主人

生殖器の主人

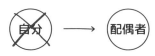

この主人に出会うまで、
正しく管理し、守り抜く

結婚を通して、生殖器の主人と出会い、
神様の完全な似姿となる

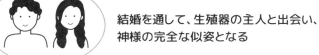

真の愛・生命・血統・良心の本宮
汚したり誤用・乱用することは創造理想を破壊する行為

第1章　神様の創造理想と結婚

4）愛を完成させる結婚

　愛で完全に一つになった夫婦は、霊界に行くと、どうなるのでしょうか。その場合、霊界では、夫の中に妻が、あるいは妻の中に夫が完全に入ってしまうといいます。もはや二人を分けることはできず、夫婦が一緒に、永遠に生きていくのです。さらに、その夫婦は神様の完全な対象として、神様と一つになります。すなわち、**神様のプラスの性稟とマイナスの性稟（せいひん）が分かれて出てきたものが、再び一つになって、神様に帰っていく**ということです。

　このような愛の境地を可能にするのが結婚です。ですから、結婚はまさに、愛の完成を意味するのです。親に対する子女の愛や、兄弟姉妹の愛は、まだ成長の途上にある愛です。その愛が、より成熟した愛として結実するのが夫婦愛なのです。

　まずは、子女の愛、兄弟姉妹の愛を正しく育んだ上で、結婚をして夫婦となることによって、その夫婦の愛に神様の愛が現れます。**結婚は、男女がより高い次元の神様の愛の圏内にジャンプするためにある**のです。

　このように、人間は結婚を通してのみ、神様の愛を完全に相続することができます。さらに、結婚と同時に、人間には神様の創造権と主管権が賦与されます。このように、**神様の全権を相続するのが結婚ですから、結婚はまさしく、神様からの最高の祝福である**といえるのです。

■霊界における夫婦の姿

神様のプラスの性稟とマイナスの性稟が分かれたものが
再び一つになって、神様に帰っていく

■結婚の意義

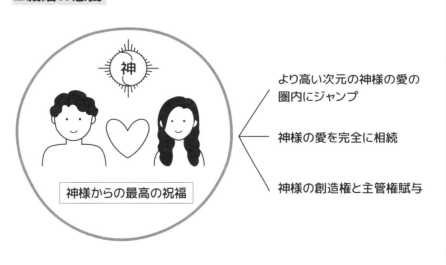

より高い次元の神様の愛の圏内にジャンプ

神様の愛を完全に相続

神様の創造権と主管権賦与

第 1 章　神様の創造理想と結婚

❗ 本章のポイント

- 神様はご自分の愛を注ぐ対象、子女として人間をつくられた。人間にとって神様は父母、すなわち天の父母様である。

- 神様は、御自身の中のプラスの性稟（せいひん）（本陽性）とマイナスの性稟（本陰性）をそれぞれ実体化させて男性と女性をつくり、その二人が夫婦として愛で一つになることによって、神様の完全な似姿となるようにされた。

- アダムとエバが神様を中心として夫婦となり、真の愛で一体化したとき、神様の完全な愛の対象の位置に立つ。神様が縦的な父母であるとすれば、彼らは人類最初の夫婦として、全人類に神様の愛と生命と血統を相続させていく横的父母となる。

- 神様の愛は、アダムとエバを通して生命という形で結実し、さらに代を経ながら、地上に広がっていく。親子関係を通して流れるようになるこの愛と生命の回路が、血統である。

- 神様、アダム・エバ（夫婦、父母）、子女が神様を中心とした愛の関係で結ばれるとき、理想家庭が成立する。このような四位（よんい）基台を完成した家庭を基地として、神様の永遠の愛の理想が被造世界に展開されていく。

- 人間は、成長しながら子女の愛、兄弟姉妹の愛、夫婦の愛、父母の愛という四つの愛を育み、完成するようになっている。また、その過程で自然からも多くのことを学ぶようになっている。

- 生殖器は、人間の愛・生命・血統・良心の本宮（ほんぐう）である。自分の生殖器の主人は、自分自身ではなく、配偶者である。その主人に出会うまで、自らの生殖器を正しく管理し、守り抜くことが、人間の責任分担である。

❓ 話し合ってみよう

- 完全投入して何かをつくり上げたことがあるだろうか？
そうしてできたものに対して、どのような思いを抱いただろうか？

- 男性と女性の違いについて、思いつくことを挙げてみよう。
その違いを補い合うためには、どのような姿勢を持ったらよいだろうか？

第2章 堕落による創造理想の喪失

第2章　堕落による創造理想の喪失

1．アダムとエバの堕落

1）堕落の意味

　これまで述べてきたように、神様は創造理想を描いて人間を創造し、結婚という祝福を与えようとされました。しかし、アダムとエバはその願いに背き、堕落してしまったのです。

　聖書には、アダムとエバが「善悪の実」を取って食べたことで堕落したとありますが（創世記第3章）、何かの果物を食べたことが、その子孫にまで影響を及ぼす「原罪」になるとは考えられません。

　「統一原理」では、このような**堕落が男性と女性、さらには人間と天使の間に成立したといえるところから、それを不倫なる性関係（淫行関係）によるものである**と説いています。すなわち、まず男性格である天使長ルーシェルとエバの間に不倫なる性関係が結ばれ、続いて、その堕落したエバとアダムの間で、時ならぬ時に、神様が全く関わることのできない夫婦関係が結ばれたというのです。それゆえ、**堕落とは神様を中心とする結婚に失敗したこと**、とも表現することができます。

　アダムとエバが、このように神様を中心としてではなく、天使長を中心として（天使長に主管される中で）夫婦関係を結んだことで、そこから生まれる愛も、生命も、血統も、すべて神様とは関係のないものになってしまいました。また、天使長ルーシェルは、神様に反逆する「サタン」となりました。

　そして、アダムとエバが人間始祖、すなわち人類の最初の夫婦であったことから、そこから生まれてくる**全人類も、偽りの夫婦の愛を通して生まれた「サタンの子女」という立場に立つようになった**のです。

1．アダムとエバの堕落

■堕落とは

| 堕落 | 善悪の実という果実を取って食べたことではなく
不倫なる性関係を結んだこと |

■堕落の順序

 　1. 　2.
　霊的堕落　　肉的堕落　

ルーシェル　　　　エバ　　　　　アダム
男性格　　　　　　女性　　　　　男性
　　　　　　　　　　↓
　　　　　神様を中心とする結婚に失敗

■堕落の結果

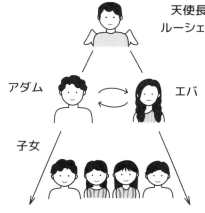

天使長
ルーシェル　⇒　サタン

アダム　　エバ

子女

人類の最初の父母
　↓　偽りの愛・生命・血統
全人類がサタンの子女の立場に立つ

第2章　堕落による創造理想の喪失

2）天使長ルーシェルの動機

　天使長ルーシェルはもともと、神様の創造を協助しながら、アダムとエバを導き、彼らが成長して結婚するまで仕えるべき立場にいました。そして、そのような役割を果たせるようにするために、神様はルーシェルにまず、愛を投入されたのです。

　しかし、人間の誕生後、ルーシェルは、神様が自分を放っておいて、アダムとエバばかりを愛しているように感じました。実際は、ルーシェルに対する神様の愛は変わっていなかったのですが、彼は**アダムとエバと自分を比較することで、「愛の減少感」を覚えた**のです。

　本来、人間が完成すれば、天使長はその人間を通して、神様の愛と人間の愛を完全に受けるようになっていました。それが天使長にとっても、最高の喜びの道であったはずです。しかしルーシェルは、神様の創造理想が人間を通して成就するようになっており、被造世界における愛の中心の地位がアダムに約束されていることを知ると、そのアダムに代わって自分自身が中心となり、愛の理想を実現したいと願うようになったのです。

　ただ、いくらルーシェルがそのように願ったとしても、天使がエバと結ばれることによって愛の理想を成就するという道はありません。それが天使の創造された立場だからです。ですから、ルーシェルは天使としての自分の立場を自覚して、守らなければなりませんでした。

　それにもかかわらず、**ルーシェルはアダムに代わって愛の中心位置を占めたいと願い、アダムの相対として創造されたエバを誘惑して、不倫なる愛の関係を結んでしまいました**。さらにエバが、その愛をもってアダムと一つになろうと考え、誘惑したことで、アダムも神様の愛ではなく、偽りの愛を中心として、エバと夫婦の愛の関係を結ぶことになったのです。

1. アダムとエバの堕落

■愛の減少感を覚えた天使長ルーシェル

・人間創造前

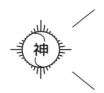 

神の愛を一身に受けながら天地創造をサポート

・人間創造後

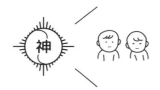

神様は私より
アダムとエバを愛
されている……

※神様から受ける愛の
量自体は変わっていない

比較 →愛の減少感

■愛の中心位置を占めたいと思ったルーシェル

エバを誘惑すれば、
アダムに代わって、
愛の中心位置に立
てるのでは……

そして霊的堕落後、エバも偽りの愛をもって
アダムを誘惑し、肉的堕落に至った

第2章　堕落による創造理想の喪失

3）偽りの愛による非原理的な関係

　こうして、アダムとエバ、そして天使長ルーシェルは、偽りの愛を中心として、**本来ならあり得ない、非原理的関係**をつくり出してしまいました。これが非原理的であることの理由は、以下のとおりです。

　第一に、エバが最初に不倫なる愛の関係を結んだ相手が、天使長であったということです。**人間と天使は、そもそも相対関係ではありません**。それにもかかわらず、エバはルーシェルと不倫なる愛の関係を結んでしまいました。

　第二に、エバの堕落後、アダムとエバが**未成熟な段階で、夫婦の愛の関係を結んだ**ということです。本来、アダムとエバは愛が十分に成熟した後、自然に兄弟姉妹の愛から男女の愛、すなわち夫婦の愛に転換されていくようになっていました。しかし、愛がまだ成熟していない段階で、彼らは夫婦の関係を結んでしまいました。

　第三に、アダムとエバが、神様と関係なく、**自己中心的な動機で夫婦の愛の関係を結んだ**ということです。本来、結婚は神様を中心として、神様に祝福された上でするものでしたが、アダムもエバも、それぞれ誘惑に流されるまま、神様に尋ねることなく、夫婦の関係を持ってしまいました。

　第四に、**複数の方向で、夫婦の愛の関係を結んだ**ということです。本来、男女の愛は、一対一の関係において結ぶべきものです。その方向は一つであって、二つではありません。しかしエバは、ルーシェルとアダムという二人の夫を持ち、二つの愛の方向性を持ってしまいました。このようにして、一対一の愛の関係に第三者が侵入する立場に立ったため、本来の男女の愛が破壊されてしまったのです。

1．アダムとエバの堕落

■非原理的な関係であることを裏づける四つの理由

1. 霊的堕落
2. 肉的堕落

①エバと天使長ルーシェルが不倫なる愛の関係を結ぶ
　→人間と天使はそもそも相対関係ではない

②エバの堕落後、アダムとエバが未成熟な段階で夫婦愛を結ぶ
　→本来は子女の愛、兄弟姉妹の愛が十分に成熟してから

③アダムとエバが神様と関係なく、自己中心的動機で夫婦愛を結ぶ
　→本来は神様を中心として、神様に祝福された上で結婚

④複数の方向で夫婦の愛の関係を結ぶ
　→本来、男女の愛は1対1の関係において結ぶもの

第2章　堕落による創造理想の喪失

2．堕落の結果

1）本来の立場の喪失

　アダムは、堕落したエバと関係を結ぶことによって、神様の息子という位置を失い、天使長ルーシェルとエバの偽りの愛に主管された、悪の息子として生まれた立場に立ちました。そのアダムが、エバと共に悪の父母、偽りの父母となり、全人類を堕落したルーシェルの子女、すなわちサタンの血統の子女として生み出すようになったのです。**堕落によって、サタンが神様に代わり、人間の親の立場に入り込んだ**ということです。

　その結果、人間は非原理的な位置に立つことにより、神様との縦的心情関係が断絶してしまいました。本来なら、アダムとエバが神様を中心として愛し合い、子供が神様の生命として誕生することで、そこから神様の血統が受け継がれるようになっていました。そうして、今度はその血統を通して、神様の愛が自動的に流れていくようになっていたのです。しかし、堕落によってその道が塞がれてしまいました。**神様の血統が出発するのではなく、サタンの血統が出発**したのです。そして、やはりその血統を通して、サタンの愛が自動的に流れ込んでくるようになりました。

　こうして人間は、神様の子女としての本然の位置を失ってしまいました。また、天使長も堕落してサタンとなることで、天使長としての本来の位置を失いました。万物も、主人である人間が堕落することによって、神様の愛を受ける道が閉ざされ、サタンの主管下に置かれるようになりました。さらには、神様御自身も、愛の対象である人間を失うことによって、その権能を現す道がなくなり、心情的に牢屋に入れられたような立場に立たれたのです。

　このように、**堕落の結果、神様、人間、天使、万物すべてが本然の位置を失ってしまった**のです。

■堕落によってもたらされた結果

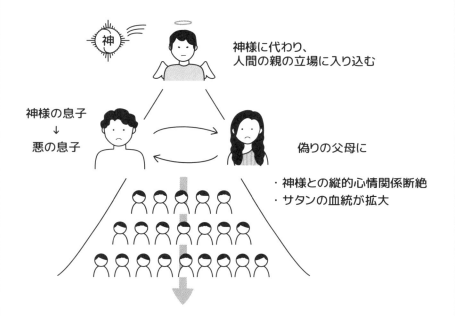

■本然の位置の喪失

 → 心情的に牢屋に入れられたような立場に

 → 神様の子女からサタンの子女へ

 → 天使長の位置からサタンに

 → 主人を失って神様の愛を受けられなくなり、サタンの主管下に置かれる

第2章　堕落による創造理想の喪失

2）本然の夫婦の愛の破壊

　堕落はまた、**神様を中心として成熟すべきだった夫婦の愛が、未完成のまま、非原理的関係を通して結実**してしまったことも意味します。サタンを中心とした非原理的な夫婦の愛が、人間社会においてスタートしたのです。

　夫婦の愛の本来の基準は、身も心も希望と喜びに満ちあふれる中で愛し合うことです。しかし、エバは堕落する際、心から喜びながらルーシェルを愛したのではなく、良心の呵責(かしゃく)を受け、不安と恐れを抱く中で愛したといいます。アダムとエバもやはり、細胞、そして心情が朽ち果てる立場で、顔をしかめながら愛し合ったのです。本来の夫婦の愛は、そのようなものではありません。

　愛の根拠地は自分ではなく、相対にあるので、その愛を見いだすためには、相手のために犠牲にならなければなりません。しかし、ルーシェルも、さらにはエバとアダムも、それぞれ自己中心的な欲望に従って関係を持ちました。そこにおいて、本然の愛が生じるわけがないのです。

　今日、一般社会の思春期を迎えた若者たちは、自分の好きなとおりにやるのが一番だと主張して、親が知らない間に恋愛をし、軽い気持ちで性関係を結ぶことをくり返していきます。このような性の乱れは、**堕落によって蒔(ま)かれた種が結実**していることを意味しており、まさに本然の愛を破壊する現象といえます。

　神様を中心とした愛は永遠を基準としていますが、サタンは瞬間的なものを基準としています。すなわち、時の経過とともに次々と新しい愛の対象を求め、転々とせざるを得ないのです。このように、**堕落によって、神様が最も尊く思われる本然の夫婦の愛の基準が破壊**されてしまったのです。

2．堕落の結果

■非原理的夫婦の愛の出発

本来の基準	堕落時

希望と喜びに満ちあふれる中で愛し合う	良心の呵責、不安、恐れを抱きながら愛し合う
＊相手のために自らを犠牲にする愛	＊相手のためではなく、自己中心的欲望に従う

■本然の夫婦の愛の基準が破壊

世の中の恋愛、結婚観

結婚前に、なるべく多くの人と付き合ったほうが、自分に合う人を見つけられるよね。

うまくいかなければ、さっさと別れて自分の人生を楽しめばいいや。

この人は、私を本当に幸せにしてくれるのかしら。もっと良い人がほかにいるかも。

相手のためというよりも、自分を中心とした動機のほうが強い
→<u>堕落によって蒔かれた種が結実</u>

第2章　堕落による創造理想の喪失

3．愛の原型の変形

1）真の愛の価値

　堕落によって本然の夫婦の愛が破壊されたという結果を、さらに突き詰めて考えていくと、それは**「愛の原型が変わってしまったこと」**と表現することができます。神様は、愛の対象として人間を創造し、その人間と一つになって共に喜びを感じるために、持てる力をすべて振り絞って、この世界を創造されました。神様をそのように突き動かした動機が、まさに真の愛です。

　神様は、そのようにして創造された人間が、やはりその真の愛を動機として、お互いのために生き、喜びに満ちた世界を築くことを願われていました。逆に言えば、いくら世界が外的に発展したとしても、そこに生きる人々がそのような真の愛を失ってしまったとすれば、それは神様が願われ、喜ばれる世界にはなり得ないということです。

　ですから、真の愛はこの世界において、最も貴いものです。人間は地上生活を送りながら、様々な価値あるものを追い求めますが、その中で最も本質的なものは、知識でもお金でも、名声でも権力でもなく、真の愛なのです。

　私たちがやがて霊界に行くときに持っていけるのも、真の愛だけです。霊界は時空を超越した世界であり、私たちはそこで、永遠に生きることになります。その無限の時間を意味あるものとして受け止め、味わうことができるのは、相手に対して「永遠に一緒にいたい」と思うことのできる、真の愛しかないのです。

　自分よりも相手を貴重視し、相手のために自分を喜んで犠牲にしようという姿勢が、神様が本来願われていた愛のかたち、原型です。しかし、人間始祖の堕落により、その**愛の原型が変形して、自己中心的な愛、サタンの愛となってしまった**のです。

3．愛の原型の変形

■真の愛の価値

| 真の愛 | 自分よりも相手を貴く思い、喜んで犠牲になろうとする愛 |

・神様の創造の動機
・喜びの世界となる源泉
・人生において最も貴いもの
・霊界に唯一、持っていけるもの

堕落：原型が変わった

| 偽りの愛 | 自己中心的な愛 |

霊界で永遠に生きるといっても……

真の愛があれば

刻々と変化する愛の世界を味わう

真の愛がなければ

ずっと独りで過ごす　　いつもいがみ合う

第2章　堕落による創造理想の喪失

２）自己中心的なものとして固まった愛の原型

　堕落の時、天使長ルーシェルがエバに向けた愛は、相手を高めるためのものではなく、自分の利益を中心としたものでした。ルーシェルは、神様の創造のみ業に協助しながら、人間が神様の子女として創造されたことを誰よりも知っていました。ですから、自分とエバが結ばれることが、エバにとってどのような悲劇をもたらすか、分かっていたはずです。それにもかかわらず、ルーシェルは自分の愛の減少感を埋めるために、エバを誘惑したのです。

　一方、エバも、ルーシェルと関係を結んだ後、自分の不安を解消したい、自分が救われたいという気持ちから、アダムに近づき、誘惑しました。その時、自分が誘惑することで、アダムがどうなるかを、エバは考えたのでしょうか。突き詰めれば、それもやはり、自らのために相手を犠牲にしようとする愛のかたちでした。このようにして、**霊的堕落、肉的堕落共に、相手を高め、自らを犠牲にしてでも相手のために生きようとする愛ではなく、自分のために相手を利用しようとする愛によって**、起こったものなのです。

　こうして、神様がもともと願われていた「ために生きる」愛の原型が、反対に、自己中心的なものとして固まってしまいました。そして**一度、原型ができれば、そこから、それに似たものが次々に出てきます**。このようにして、自己中心的な愛がアダムとエバから始まり、彼らの子孫、すなわち全人類に広がっていったのです。愛は血統を通して伝えられ、発現しますから、**偽りの愛によって結ばれたアダムとエバの血統を通して、全人類に、この自己中心的な愛が広がっていった**のです。

3．愛の原型の変形

■堕落の時の心の動き

霊的堕落の時

・愛の中心位置に自分が立ちたい。
・俺と関係を持てばエバがどうなるかということまで、気を回してなんていられない。

肉的堕落の時

・アダムとなら、助かるかもしれない。それには、アダムをこちらに振り向かせないと。
・今の私と関係を持ったら、アダムがどうなるかなんて、考えていられない。

→いずれも、自分のために相手を利用し、犠牲にしようとした。

■歪んだまま固まった愛の原型

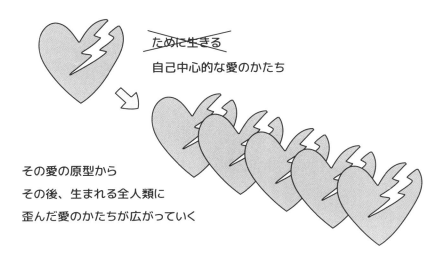

自己中心的な愛のかたち

その愛の原型から
その後、生まれる全人類に
歪んだ愛のかたちが広がっていく

第2章　堕落による創造理想の喪失

3）偽りの愛によって綴られてきた人類歴史

　神様は本来、アダムとエバが成長した後、二人がお互いに神様を中心とする真の愛によって夫婦の関係を結ぶことで、そこから真の生命、真の血統を生み出すようにされました。そうすれば、真の愛がその後は真の血統に従って流れ、現れるようになっていたのです。そうして、人類は神様の愛と生命と血統によって結ばれた一家族となり、誰もが神様の愛を相続して、お互いにために生き合う世界となっていたことでしょう。**神様はこのようにして、神様の愛と生命をつないでいき、天宙を神様の血統圏として築こうとされていた**のです。

　しかし、人類最初の夫婦愛が、相手のために生きようとする真の愛ではなく、相手を自分のために犠牲にし、利用しようとする偽りの愛によって結ばれることで、サタンを中心とする偽りの生命、偽りの血統を生み出すことになりました。それ以降、**人類は血統を通して、真の愛ではなく、偽りの愛、サタンの愛を相続しながら、歴史を綴ってきた**のです。

　こうして、神様が最も貴いものとしてつくられた愛の原型がいびつなものに変形してしまうことで、人間は誰かを愛するときも、自己中心的な動機に支配されるようになりました。また、自分のために人を犠牲にすることも平気になりました。そうして、**物を奪い、人を奪い合ってきたのが人類歴史**です。

　現在、私たちを取り巻く環境には、様々な問題がありますが、それらはすべて、最初の愛の過ち、最初の結婚の過ちから起こっているということを理解する必要があります。

3. 愛の原型の変形

■本来、神様が願われた世界

■堕落の結果の世界

第2章　堕落による創造理想の喪失

4．復帰摂理の目的

1）神様の真の愛を相続するためには

　それでは、神様の永遠なる愛の理想を復帰するためには、どうすればよいのでしょうか。人間が家庭理想を実現できなかったがゆえに、神様の創造理想が失われたのですから、それを再び取り戻すためには、まず、**本然の家庭基準を立てる**必要があります。すなわち、神様の願われる国や世界を探し求める前にまず、家庭が問題となるのです。それゆえ、**復帰摂理の中心テーマは、まさに「家庭」にある**といえます。

　ところで、人間が本然の家庭基準を立てようとすれば、まず神様を中心とする結婚をして夫婦となり、神様の真の愛で愛し合わなければなりません。しかし、人類は人間始祖アダムとエバの堕落によってサタンの偽りの血統を受け継ぎ、それを通して偽りの愛を相続しています。そのような男女からは、真の愛は出てきません。

　既に述べたように、神様は本来、愛と生命の結実として、血統が流れるようにされました。そして一度、血統が結実した場合には、今度はその血統を通して、愛と生命が流れるようにされたのです。ですから、**人類が神様の愛を相続するためにはまず、歴史を通して受け継がれてきたサタンの血統を転換する必要があります**。すなわち、サタンの血統を断ち切って、神様との血統的関係をもう一度結ばなければならないということです。そうしない限り、堕落した人類が神様の愛を相続する道はないのです。

4．復帰摂理の目的

■復帰摂理の中心テーマ

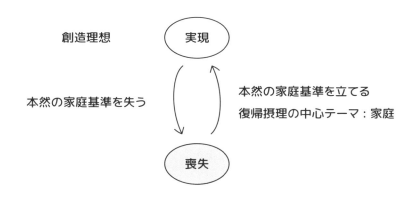

■本然の家庭基準を立てるには

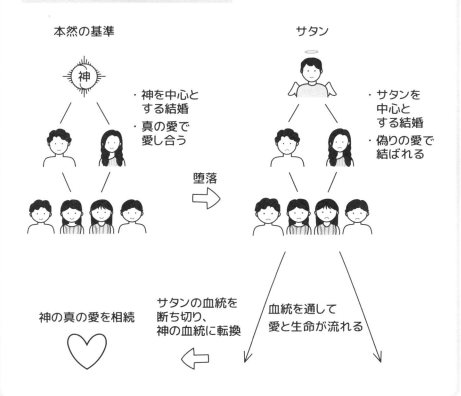

第2章　堕落による創造理想の喪失

2）神様の復帰摂理の目的とは

　堕落で問題だったのは、人間始祖の立場にあるアダムとエバが、偽りの父母になってしまったことでした。それにより、その後に生まれてくる全人類が、サタンの血統を持った人間となってしまったのです。そのサタンの偽りの血統を通して、これまで偽りの愛、偽りの生命が人類に流れてきました。

　この流れを断ち切って、人類が神様の愛、生命、血統を相続するためには、まず人間始祖の立場に、神様の血統を持った男女が改めて立ち、真の結婚を通して真の父母とならなければなりません。その上で、全人類を神様の子女として生み変え、神様の血統につなげていく必要があるのです。そうすることで、神様の愛と生命も、全人類に相続されていくのです。

　ですから、**神様の復帰摂理の目的は、新たな人間始祖となる真の父母を地上に送り、神様を中心とする本然の結婚と家庭基準を立てるとともに、全人類を神様の血統につないでいくこと**にあるといえます。その結果として、全人類が神様の愛と生命も相続し、人間にとって**縦的な父母である神様と横的な父母である真の父母を中心として、一つの家族として生きる世界**が築かれるのです。

　このような使命を果たす真の父母を神様が地上に送るためには、まず地上においてサタンを分立し、血統を聖別して、神様の血統を植えることのできる基台を立てなければなりません。そのための摂理が、人類歴史を通して行われてきたのです。

■偽りの愛、生命、血統を断ち切るには

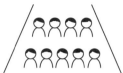

人間始祖アダムとエバが偽りの父母に

1. 神の血統を持った男女が改めて人間始祖として立ち

全人類がサタンの血統を持った人間に

2. 父母の立場で全人類を神の子女に生み変えていく

この流れを断ち切るためには

■復帰摂理の目的

1. 新たな人間始祖となる真の父母を地上に送る

2. 本然の結婚と家庭基準を立てる
3. 全人類を神の血統につなぐ

そのためにはまず

地上において
サタンを分立し、
血統を聖別して
神の血統を植える
基台を立てる

第2章　堕落による創造理想の喪失

🛈 本章のポイント

- 人間始祖の堕落とは、アダムとエバ、そして天使長ルーシェルの間における、不倫なる性関係によるものである。また堕落は、神様を中心とする結婚に失敗したこととも表現できる。

- 天使長ルーシェルは、愛の減少感からエバを誘惑するようになり、偽りの愛を中心とする非原理的関係を結んだ。その後、アダムも神様とは関係のない立場で、自己中心的な動機からエバと愛の関係を結んだ。これにより、神様の理想とする本来の夫婦の愛が破壊されてしまった。

- 人間始祖の堕落によって、サタンが神様に代わり、人間の親の立場に入り込んだ。こうして神様の愛、生命、血統ではなく、サタンの偽りの愛、生命、血統が出発し、広がるようになった。

- 自分よりも相手を貴重視し、相手のために自分を喜んで犠牲にしようという姿勢が、神様が本来願われていた愛の原型であった。しかし、人間始祖の堕落により、それが変形して歪み、自己中心的な愛、サタンの愛となってしまった。

- 偽りの愛によって結ばれたアダムとエバの血統を通して、全人類に、この自己中心的な愛が広がっていった。人類はサタンの愛を相続しながら、互いに争い合い、奪い合う歴史を綴ってきた。

- 神様の復帰摂理の目的は、新たな人間始祖となる真の父母を地上に送り、神様を中心とする本然の結婚と家庭基準を立てるとともに、全人類を神様の血統につないでいくことにある。

❓ 話し合ってみよう

- 天使長から誘惑を受けたとき、エバはどうすればよかっただろうか。また、エバから誘惑を受けたとき、アダムはどうすればよかっただろうか。

- 真の愛と偽りの愛を見分けるには、どうしたらよいだろう？

第3章

血統復帰のための摂理歴史

第3章　血統復帰のための摂理歴史

1．旧約聖書に記された血統復帰のための摂理

1）神の血統を復帰するための摂理

　神様は、アダムとエバが正しい結婚をし、神様と一体となった横的真の父母として真の家庭を築くことで、そこから真の子女を誕生させ、神様の血統が出発するようにされていました。それゆえ、神様の血統を復帰するに当たっても、**まず真の父母となり得る本然のアダムとエバが地上に現れなければなりません。**

　しかし、堕落したアダムとエバから生まれたすべての人類は、みなサタンの血統を持っています。そこからいかにして、本然のアダムとエバを生み出すことができるのでしょうか。

　ここにおいて**神様は、堕落とは反対の経路を通して、蕩減復帰をしていかれました。**サタンの血統が出発した経路を見ると、エバがまず天使長と非原理的な愛の関係を結ぶことにより、その胎中がサタンの偽りの愛の影響を受けるようになりました。その次に、堕落エバとアダムが非原理的な夫婦の愛を結ぶことによって、アダムの中の種までサタンの偽りの愛の影響を受けるようになりました。そのアダムの悪の種が、エバの胎に宿って子女が誕生し、今日まで広がってきたのです。

　この状態を元に戻していくには、**第一段階として、サタンが占領している悪の世界の中から、神側に立つ善を分立し、神様が働ける基台**を立てなければなりません。その次に、**第二段階として女性の胎中まで遡り、その胎を聖別して、新たな血統を出発させる準備**をしなければならないのです。すなわち、胎中で善悪を交差させ、神側に血統を復帰したという基台を立てた上で、**第三段階として、本然の血統を持った真の父母を地上に送る**のです。

　神様はこのような善悪を交差させる摂理を、地上から、女性の胎中にまで遡って導いてこられました。その内容が、聖書には長子権復帰と胎中聖別のエピソードとして記されているのです。

1．旧約聖書に記された血統復帰のための摂理

■堕落の経路と復帰のプロセス

堕落

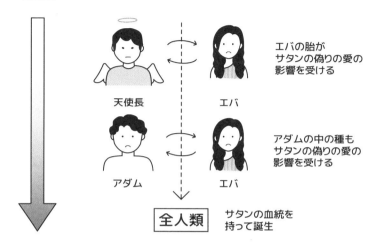

復帰

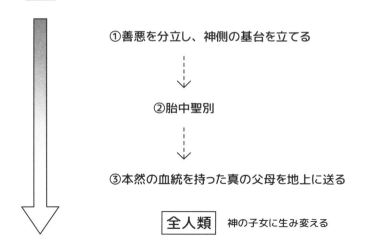

第3章　血統復帰のための摂理歴史

2）ヤコブによる長子権復帰①

　堕落によって広がったサタン圏の中から善を出発させるには、**善悪を分立した上で、善の側に対して悪の側が屈伏することによって、善悪の立場が逆転する必要**があります。神様はこのような摂理を、堕落したアダムの家庭から始めていらっしゃいました。

　アダムの家庭では、長子カインと次子アベルがそれぞれ悪の側と善の側の表示体として立てられましたが、カインがアベルを殺害することによって、その摂理は挫折してしまいました。

　それから約2000年を経て、カイン・アベルと同じ摂理的位置に立てられたのがエサウとヤコブです。彼らは双子の兄弟で、エサウが兄、ヤコブが弟でした。父イサクは鹿の肉を好んだため、狩猟者であったエサウを愛した一方、母リベカは、穏やかな性格のヤコブを愛しました。本来なら、兄のエサウが家督を相続する立場でしたが、リベカは、彼らを出産する前に神様から受けた啓示（創世記第25章23節）があったため、弟のヤコブが家督を継ぐことを願っていました。

　ある日、狩りから腹を空かせて帰ってきたエサウは、ヤコブがレンズ豆の煮物（あつもの）を作っているのを目にします。ヤコブが、長子の特権と引き換えに煮物をあげることを持ちかけると、エサウはいとも簡単に同意し、おなかを満たしました。

　後日、年老いて目も見えなくなったイサクが、長男のエサウを呼んで、祝福を与えようとしました。それを聞いていたリベカはすぐにヤコブを呼び、肉料理を持たせ、手と首には子やぎの皮を着けさせて、イサクの元に行かせたのです。

　イサクはヤコブを触り、不思議に思いながらも、彼を長男として祝福しました。直後にエサウがやってきて、イサクに祝福を願いましたが、もはやどうすることもできませんでした。激しい怒りに駆られたエサウは、ヤコブを殺そうと心の中で誓います。しかし、それを知ったリベカは、自分の兄ラバンが住むハランの地に、ヤコブを逃がしたのです。

1．旧約聖書に記された血統復帰のための摂理

■善の基台を立てるために

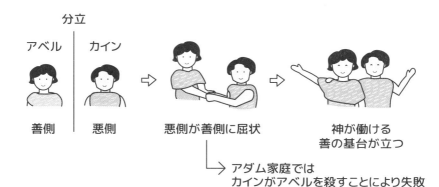

■長子の特権を得たヤコブ

第3章　血統復帰のための摂理歴史

3）ヤコブによる長子権復帰②

　このように、ヤコブの長子権復帰に当たっては、母のリベカが重要な役割を担っていました。それは、エバの堕落の罪を蕩減(とうげん)するために、復帰摂理において、**母親が母子協助の使命を果たす必要があった**からです。

　ヤコブはラバンのもとで10回もだまされながらも、21年間働き、ラバンを屈伏させます。そうして、家庭と財産を得た上で、神様の啓示を受け、再びカナンの地に戻ってきたのです。

　カナンを目前にして、ヨルダン川のほとりでヤコブが夜、一人で過ごしていると、そこに天使が降り立ちます。ヤコブはその天使と一晩中、相撲をし、もものつがいを打たれながらも、あきらめずに食い下がります。すると天使は、その執念に根負けし、「イスラエル」という名をヤコブに与えます。こうして彼は、復帰歴史において初めて、天使に対する主管性を復帰した立場に立つのです。

　ヤコブはこのような条件を備えた上で、エサウに会いに行きました。そして、苦労して得た財産を分け与え、7拝しながら謙虚な姿勢で侍(はべ)ることにより、エサウを屈伏させました。

　このようにして、善の側に立つ弟が長子権を復帰し、兄に代わって家を相続するという善悪逆転現象が起きて、**サタンを分立した善の家庭基準が歴史上、初めて立ったのです。ここから、イスラエル選民圏が出発するようになりました。**

　しかし、血統というのは母の胎中から出発するものです。ヤコブがエサウを屈伏させたのは40代の時だったといいますから、妊娠期間から40代までの期間は、まだサタンが分立されていないことになります。そこで次に、**ヤコブの勝利の基台の上で、人間の胎中にまで遡って善悪闘争を展開し、サタンを分立する摂理が行われた**のです。

■母子協助の使命

ヤコブ

リベカ

この子がおなかにいる時、神様から受けた啓示が実現するように……

ヤコブがイサクから長子として祝福を受けるのを協助

■ヤコブによる長子権復帰

1. ハランにおける21年路程
ラバン
何度だまされても誠意を尽くす

2. ヨルダン川のほとりで天使を屈伏
イスラエルの名を得る
祝福してくれるまで放さない!!

3. エサウとの再会
財産を分け、7拝しながら謙虚に侍る

4. イスラエル選民圏の出発
歴史上、初めてサタンを分立した善の家庭基準が立つ

しかし、この時、既に40代。妊娠から40代までの期間はサタン分立がまだされていない……

第3章　血統復帰のための摂理歴史

4）タマルの信仰と胎中聖別①

　ここにおいて登場するのが、タマルという女性です。ヤコブの四男であるユダには、長男のエル、次男のオナン、三男のシラという三人の息子がいました。その長男のエルが、異邦人の女性であるタマルと結婚したのですが、エルは神様の前に不法を働き、若くして死んでしまいます。そこでユダは、当時の風習に従ってタマルに次子オナンと関係を持たせ、長男の子を得させようとしました。ところが、オナンは子供が生まれても自分の子とならないのを知って快く思わず、種を地に漏らしてしまいます。それが天の前に悪となり、オナンも若くして死んでしまいます。

　そこでユダは、三男のシラが成人するまでということで、いったんタマルを実家に帰しました。しかしその後、シラが成長したにもかかわらず、タマルとの間で子を得させようとしませんでした。ユダからすれば、上の二人の息子と同じように、三男シラも死んでしまうかもしれないと恐れたのでしょう。そのことを知ったタマルはある時、遊女を装って、道端でユダを待ち伏せします。ユダはそれが我が子の妻であるとは知らずに関係を持ち、その結果、タマルが身ごもるのです。この時、彼女は知恵を使って、紐と杖と印をユダから預かっていました。

　3カ月ほどたって、ある人が、タマルが姦淫によって身ごもったとして、そのことをユダに告げました。ユダは怒り、タマルを火で焼き殺すように命じました。当時、姦淫を犯した者は死刑と定められていたからです。しかし、タマルがユダから預かっていた三つの証拠物を見せると、ユダはそれを自分の物であると認め、「彼女はわたしよりも正しい」（創世記第38章26節）と言って、タマルの命を助けたのです。

　月が満ちて、タマルは出産の時を迎えました。彼女の胎内には双子がいました。出産の時、一人が手を出したので、産婆がその手に緋の糸を結ぶと、それが引っ込み、緋の糸を結んでいない弟が先に出てきました。ここにおいて、先に生まれたのがペレヅ、後に生まれたのがゼラです。

■タマルの信仰と覚悟

第3章　血統復帰のための摂理歴史

5）タマルの信仰と胎中聖別②

　ゼラとペレヅは、摂理的にカイン・アベル、エサウ・ヤコブと同じ位置に立てられていました。ここにおいて、タマルの胎中で兄と弟の位置が逆転したということは、**胎中における善悪闘争において、善側が勝利したことを意味**します。すなわち、タマルの胎中からサタンが分立され、善が出発したのです。

　未亡人であるタマルが舅のユダと関係を持つことは、姦淫行為であり、死刑に値する罪と定められていました。ですから、タマルにとってそれは、まさに命懸けの行動でした。しかし、ほかにユダの血統を残す道がなくなったタマルは、体面や威信を捨て、死を覚悟してユダと関係を持ったのです。

　タマルはユダの家にお嫁に来たときに、その家に伝わる、神様から「イスラエル」という名を与えられた祝福のエピソードを聞いたはずです。ですから、神様が祝福されたその家系の血統を、何としても残さなければならないと思ったのでしょう。そうして、実際に**自分の命以上に血統を重要視したタマルの信仰によって、血統を復帰する条件が立ち、その胎中で奇跡が起きた**のです。

　このようにして、歴史上初めて胎中聖別を果たした女性が立つことにより、本然のアダムが誕生する基台ができました。堕落によってアダムの悪の種がエバの胎中に入り、サタンの血統が出発したわけですから、まず胎中で血統を復帰したという基台を立ててこそ、本然のアダムが誕生する道が開かれるのです。

　ただし、この時は内的にメシヤ誕生のための条件が立ったものの、外的にはそのメシヤを保護するための基盤がまだ備わっていませんでした。既にサタン世界では民族的、国家的な基盤を築いていたので、ヤコブとその一族も、それと同じ基準を備えるために歩むことになります。

　しかし、**タマルによって内的基準が立ったため、将来、彼女と同じ信仰基準に立つ女性が現れれば、その胎中聖別の勝利基台を相続して、メシヤを誕生させる道が開けた**のです。

■胎中聖別

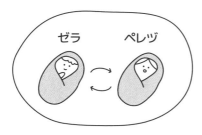

・胎中で兄と弟の位置が逆転
　↳ 胎中における善悪闘争
　　↳ 善側が勝利し、サタンを分立

タマル

・神が祝福した家系の血統を、自らの命以上に重要視したタマルの信仰
　↳ 血統復帰の条件が立つ
　　↳ 本然のアダムが誕生する道が開かれる

■メシヤの誕生に向けて

・内的条件：成立
・外的条件：メシヤを保護するための基盤が備わらず

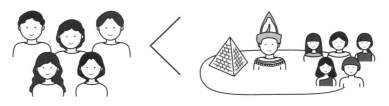

選民イスラエル　　　　　　　サタン世界
氏族的基盤　　　　　　　　　民族、国家的基盤まで造成

※国家的基盤が築かれた上で、タマルと同じ信仰基準に立つ女性が現れれば、胎中聖別の勝利基台を相続してメシヤが誕生

第3章　血統復帰のための摂理歴史

２．イエス様を中心とする復帰摂理

１）本然のアダムとしてのイエス様誕生

　ヤコブの時代からさらに長い時間がたちました。その間、イスラエルの人々は、エジプトへの移住、400年にわたる苦役、モーセによる出エジプト、士師時代を経て、一時は統一王国を築きますが、やがて不信仰から国が滅び、周辺の国々に捕虜として連れていかれるなど、多くの苦難を経験します。しかし、捕虜状態から帰還した彼らは、律法を整え、神殿を再建して、自らの宗教的アイデンティティーを確立していきます。やがて、**政治的には強大なローマ帝国の属州となりながらも、イスラエルの人々はユダヤ教を中心として、メシヤを待望する一つの国家的基盤を築く**ようになっていました。

　ルカによる福音書第１章によると、当時、大工のヨセフと婚約中だったマリヤに、「聖霊が臨んで神の子が生まれる」という啓示が与えられます。それを受けて、マリヤは祭司ザカリヤの家庭を訪ね、約３カ月滞在してから家に帰ったとあります。そしてその後、身重になったのです。また、マタイによる福音書第１章を見ると、ヨセフは正しい人だったので、身重になったマリヤと密かに離縁しようとしたとあります。しかし、天使が夢に現れて、「聖霊によって身ごもったのであるから、離縁してはならない」と告げたため、ヨセフはマリヤを受け入れたのです。

　こうして誕生したのがイエス・キリストです。実際のところ、イエス様はマリヤと婚約者ヨセフとの間に生まれたのではありません。かといって、文字どおり聖霊によって身ごもったと受け取るのは、生命誕生の原理から見て、無理があります。男性から出た種が女性に宿ることで子女が生まれるというのが、神様が立てられた原理です。その原理を神様御自身が破棄して、イエス様を誕生させるとは考えられません。したがって「聖霊によって身ごもった」という言葉は、**サタンの血統が清算された、無原罪の清い存在として懐妊した**という意味で解釈すべきなのです。

2．イエス様を中心とする復帰摂理

■イスラエルの歴史

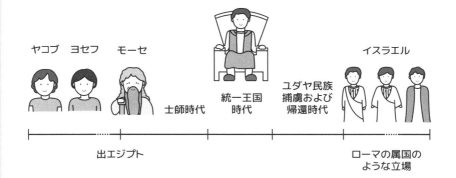

■イエス様の誕生

第3章　血統復帰のための摂理歴史

2）神の子を誕生させるための基準

　ここにおいて、マリヤに与えられた天の啓示が、「第三者との関係を通して神の子が生まれる」という内容であったとすれば、婚約中のマリヤにとってそれがいかに深刻なことであったか、想像に難くありません。その啓示に従うことは、彼女にとって死ぬこと以上に困難な道だったでしょう。**体面も威信も捨て、自分の命以上に神の子が生まれることを重要視したマリヤの信仰は、まさにタマルの信仰基準に一致**するものです。

　こうしてマリヤがタマルの胎中聖別の勝利の基台を相続し、絶対的な信仰を貫いた結果、イエス・キリストがマリヤの胎中に宿りました。**堕落以降の歴史において初めて、神様の息子の種が、準備された母の胎中に、サタンの讒訴条件なく着地**したのです。それゆえ、**イエス様には原罪がない**のです。

　それでは、神様はなぜ、マリヤとヨセフを婚約させておきながら、マリヤとヨセフから神の子、イエス様を生み出すようにされなかったのでしょうか。

　堕落は、アダムとエバの婚約中に、天使長ルーシェルがエバを**奪**って夫婦の関係を結ぶことにより、起こりました。その結果、サタンの血統を持つ罪の子女が生まれるようになったのです。ですから、それと反対の経路を通して蕩減復帰するという観点から見ると、復帰は、エバと天使長が婚約しているような状況において、アダムがエバを妻として取り戻すことによって成されます。このようにすることで、罪のない本然の子女、神の子を誕生させることができるのです。

　この時、エバの立場に立っていたのがマリヤであり、天使長の立場に立っていたのがヨセフでした。ですから、マリヤとヨセフの間に神の子が生まれるということはなかったのです。マリヤはあくまでも、アダムの立場に立てられた者との間においてのみ、イエス様を神の子として生む道があったのです。

2. イエス様を中心とする復帰摂理

■マリヤの立てた信仰基準

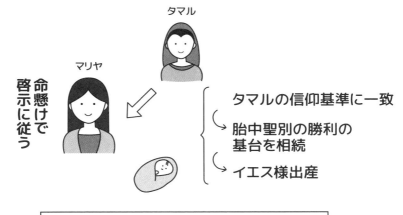

堕落の歴史において初めて、原罪なく誕生

■蕩減復帰の道

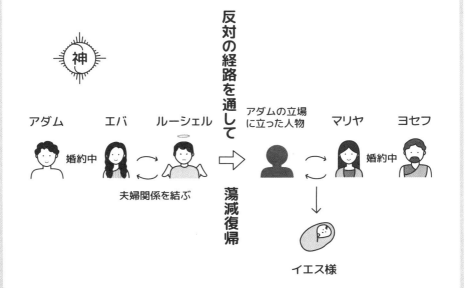

第3章　血統復帰のための摂理歴史

3）イエス・キリストの目的

　こうして、**アダム以来4000年の時を経て、人類は再び本然のアダムを迎えることができました。**それまでの歴史は、真の父母となり得る独り子・イエス様を迎えるためにあったと言っても過言ではありません。その意味では、イエス様の誕生は、神様にとっても、人類にとっても、これ以上ない喜びの出来事だったといえます。しかし、神の子として地上に誕生すること自体が、イエス様の目的ではありません。イエス様は、アダムが果たせなかった目的を成就しなければならないからです。

　アダムが神様の理想を成就できなかった原因は、結婚に失敗したことでした。それゆえ、**イエス様の最大の目的は、相対を得て、神様を中心とした正しい結婚をし、本然の夫婦愛を完成するとともに、真の父母となって、神様の永遠の血統圏を出発させること**にありました。そのためにはまず、**神様が準備した花嫁（独り娘）を探し出し、神様が願われる形で結婚**をしなければなりません。

　イエス様は御自身の結婚について、母親のマリヤに何度も訴えましたが、マリヤはそれに相対することができなかったといいます。ここにおいて、マリヤとヨセフには本来、イエス様に正しく仕え、保護し、イエス様が結婚できるように援助するという役割がありました。彼らがその役割を果たしていたならば、氏族圏が一体となり、イエス様は相対を得ることができるようになっていたというのです。

　また、**マリヤとヨセフがイエス様と正しく一体化していれば、家庭的、氏族的、ひいてはそこから民族的な保護圏がつくられるため、イエス様が十字架につくようなことは絶対にありませんでした。**しかし、マリヤとヨセフは、その使命を最後まで果たすことができなかったのです。

■イエス・キリストの目的

イエス

- 人間の堕落以降、4000年を経て誕生した本然のアダム

- 最大の目的：神様を中心とする結婚（小羊の婚宴）をして、真の父母となり、神の血統を出発させること

- まずは神様が準備した花嫁（独り娘）と出会わなければならない

■イエス様の保護圏

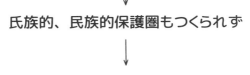

マリヤ、ヨセフ共に、イエス様に正しく仕え、保護することができず

↓

氏族的、民族的保護圏もつくられず

↓

十字架の道へ

第3章　血統復帰のための摂理歴史

4）マリヤとヨセフの不信

　イエス様が誕生するまでは、マリヤはタマルに劣らない絶対的な信仰を立てましたし、ヨセフも、身に覚えのない子を身ごもったマリヤを守ることによって、使命を全うしました。もし、ヨセフがマリヤと離縁していたなら、「マリヤのおなかの中の子供はヨセフの子供ではない」ということが明らかになります。そうなれば、マリヤは姦淫の罪で、イエス様が生まれる前に殺されていたことでしょう。しかし、ヨセフが身を挺してマリヤをかばったため、イエス様は無事に生まれることができました。

　ところがその後、**マリヤとヨセフが天の願いに反して実際に夫婦となり、二人の間に子女をもうけることによって、イエス様とヨセフ、またイエス様と他の子女たちの間が怨讐関係となりました**。そうして結局、マリヤとヨセフはイエス様に侍る立場を放棄するようになってしまったのです。

　神様がマリヤとヨセフを婚約させたのは、あくまでもイエス様を守るためであって、二人が夫婦の契りを結んで子をもうけることは、神様のみ旨とは何の関係もありませんでした。それどころか、二人の結婚が、イエス様の行く道を妨害する結果になってしまったのです。マリヤとヨセフがイエス様を自分たちの子供と差別するところから、いつしか「イエスは私生児である」といううわさが流れるようになりました。洗礼ヨハネも、私生児であるイエス様を、どうしても神の子と信じることができませんでした。マリヤは親戚の結婚式のためには走り回っても、肝心のイエス様の結婚相手に関しては、イエス様が30歳になっても探そうとはしませんでした。

　このように、**本来イエス様に最も近く侍らなければならないマリヤとヨセフが不信することによって**、氏族圏も不信する立場に立ったのです。

2．イエス様を中心とする復帰摂理

■イエス様誕生前

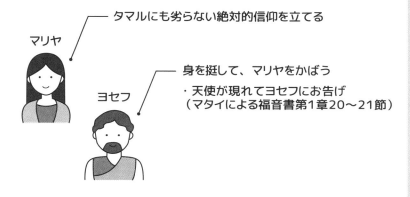

→イエス様が無事に誕生

■イエス様誕生後

第3章　血統復帰のための摂理歴史

5）十字架の結果

　本来、イエス様御自身は、苦労の道を歩む必要がありませんでした。しかし、**神様が準備した氏族の基台が全部崩れてしまったため、やむを得ず、氏族以外の12弟子と72門徒を求めて、公生涯の苦難の道を出発**せざるを得なかったのです。しかし結局、その弟子たちもイエス様の支えとなれなかったため、イエス様には**十字架の道しか残されませんでした。**

　歴史上、最も偉大な結婚を成そうとしていた方がイエス様ですが、その結婚を果たせないまま、十字架にかけられたのです。イエス様が相対を得られなかった恨(ハン)は、決して個人的次元の問題ではなく、人類の恨、神様の恨でした。

　イエス様は、神様の独り子として神様の愛を説き、自ら十字架にかかることを通して、命を越えて投入するという真の愛の手本を示されました。神様に対する孝行息子としての使命を果たし、兄弟愛の世界を説かれました。しかし、イエス様は結婚できなかったがゆえに、夫婦の愛については説くことができず、父母の愛も示せませんでした。

　確かに、イエス様の十字架の犠牲によって、多くの人が真の愛の一端を知ることができたのは事実です。しかし、**神様とイエス様の本来の願いは、十字架上で愛を示すことではなく、イエス様が結婚して夫婦の愛をサタンから取り戻し、神様の血統の子女を生み殖やすこと**にあったのです。

　もし、イエス様に子女が1人でもいたならば、それから2000年がたった今日、どれだけその血統圏が増えていたでしょうか。愛は血統を通してのみ、完全に相続していくことができます。イエス様は神様と直結していますから、その子女も、神様の愛を完全に相続していたことでしょう。そうすれば今日、イエス様の時以上の愛が地上で実っていたはずです。

　そういう点から考えてみても、イエス様の本来の目的は、相対を得て結婚し、夫婦愛を完成させ、神様の愛を地上に顕現させて、神様の永遠の血統を出発させるところにあったといえるのです。

2．イエス様を中心とする復帰摂理

■公生涯路程

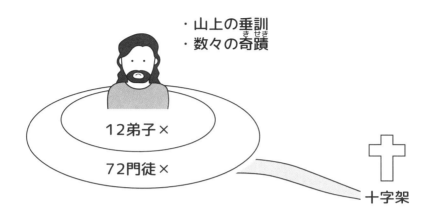

・山上の垂訓
・数々の奇蹟

12弟子×
72門徒×

十字架

■十字架の結果

聖婚できずに亡くなったことにより

・夫婦の愛、父母の愛については語ることができず

・子女を持つことができず、血統圏が広がらなかった

| イエス様の本来の願い | 相対を得て聖婚し、夫婦愛を完成させ、子女を生み殖やして神様の永遠の血統を出発させること |

第3章　血統復帰のための摂理歴史

3．再臨主、真の父母を中心とする復帰摂理
1）完全蕩減(とうげん)の道

　イエス様は残念ながら、本来の目的を果たせないまま霊界に行かれました。しかし、神様のみ旨は必ず果たされなければなりません。それゆえ、**イエス様の使命を完全に果たすために、すなわち人類の真の父母として勝利してこの地上に神様の愛と生命、血統の根源を植えるために、再臨主および独り娘が来なければならない**のです。

　イエス様は、実体で相対を得て家庭基準を立てることができず、霊的相対としての聖霊と一つになることによって、霊的基準における勝利圏を開かれました。このイエス様の霊的勝利圏がその後、キリスト教を通して世界的に広がっていきます。

　1920年、再臨主として地上に来られた真のお父様には、この霊的勝利基台を相続し、霊肉共の実体的な救いの摂理を展開していく道が用意されていました。しかし、キリスト教が再臨主の前に使命を果たせなかったことによって、その基台が崩れ、**復帰歴史を完全蕩減する道**を行かなければならなくなったのです。それは、復帰歴史において失敗し、サタンの讒訴(ざんそ)条件に引っ掛かったすべての内容を、一対一で蕩減復帰する道でした。

　イエス様がローマの国家権力によって十字架にかけられたことを蕩減するために、キリスト教は国家権力から多くの迫害を受けてきました。そして、再臨主もそれを再び蕩減するため、国家の主権から迫害を受ける立場を越えていかなければなりませんでした。

　また、**再臨主は外的な迫害を越えるだけでなく、内的な心情の世界も蕩減していかなければなりません。**すなわち、それまでの失敗によって生じた歴史的な恨(ハン)や悲しみ、さらに究極的には、アダムとエバの堕落によって生じた神様の恨や悲しみまでも清算していかなければ、完全蕩減にはならないのです。真のお父様はまさにこのような、100パーセントの蕩減条件を立てる道を行かれたのです。

3．再臨主、真の父母を中心とする復帰摂理

■霊的真の父母としての摂理

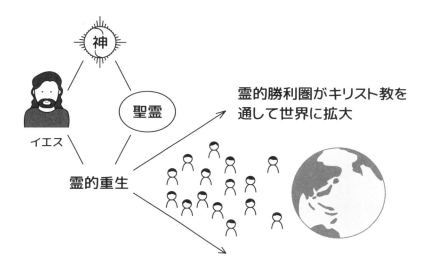

■再臨摂理

真のお父様

1920年　聖誕

イエス様の霊的勝利基台を相続し、霊肉共の実体的な救いの摂理を展開

キリスト教の失敗により、復帰歴史を完全蕩減する道を行かれる

外的：国家主権からの迫害を越える
内的：神様の心情を慰労し、
　　　復帰摂理における様々な
　　　失敗を蕩減

第3章　血統復帰のための摂理歴史

2）み言(ことば)の解明と人類の解放

　真のお父様は、イエス様から召命を受けた後、9年かかってみ言を解明されたといいます。**創造、堕落、復帰の内容をすべて明らかにしたこのみ言は、霊界の人々にとっても、地上の人々にとっても希望であり、最大の福音**です。しかし、悪の勢力にとってはみ言が審(さば)きにもなり得るので、彼らは再臨主にこぞって反対するようになります。み言に相対できない人々を、み言だけで解放することには限界があるのです。

　しかし、再臨主の使命は、真の父母として全人類を解放するところにありますから、**あらゆる人に通じ、彼らに対して主体的立場を確立**できなければなりません。そのため、真のお父様は最も悲惨な立場、最低の立場から出発して、様々な環境を通過しながら、蕩減(とうげん)復帰の段階を一つ一つ、勝利していかれました。

　一般的に、メシヤは善なる人を救い、悪を審判するために来られると考えがちです。しかし、実際はむしろ、悪を解放する道、怨讐(おんしゅう)を許し愛する道を歩まれたのです。なぜなら、怨讐が怨讐として居続ける限り、神様の理想を実現する道はないからです。

　真のお父様は実際、無実にもかかわらず、何度も獄中に身を置かれました。しかし、御自身を投獄した相手や、そのような状況に追いやった神様を怨(うら)むのではなく、「これこそ神様の計らいである」と考え、むしろ神様に感謝されたのです。**怨讐圏を愛することによってサタンを自然屈伏させ、神様をも解放する道を歩まれた**のです。

　こうして、真のお父様は本然のアダムとして、神様の前に孝子の道を歩まれました。しかし、たとえ個人として完璧な基準が立ったとしても、それだけでは、神様の本来の願いを果たすことはできません。**本然のエバ(独り娘)として来られた方と出会い、結婚して真の家庭を築く必要があった**のです。

3．再臨主、真の父母を中心とする復帰摂理

■再臨主が歩まれた道

解明
・創造原理
・堕落論
・復帰原理

悪の勢力がこぞって反対

→ あらゆる人間に通じ、主体的立場を確立するために最低の立場から出発

獄中においても神様に感謝する道

怨讐圏を許し愛することで、サタンを自然屈伏させ、神様をも解放する道

→ 個人としては神様の本来の願いを果たせない。本然のエバ（独り娘）と出会って結婚し、真の家庭を築かなければならない。

第3章　血統復帰のための摂理歴史

3）真の結婚式

　1960年4月11日（天暦3月16日）に挙行された**真の父母様の聖婚式は、この地上に本然のアダムとして来られた真のお父様と、本然のエバとして来られた真のお母様が、神様を中心として結婚式を挙げ、真の父母となった出来事**でした。

　本来、イエス様も地上で天の新婦と出会い、結婚して家庭を築くことが天の願いでした。しかし、イエス様は当時の人々の不信によってその使命を果たすことができず、「また来る」と言い残して、霊界に行かれました。また来る目的とは、まさに「小羊の婚宴」をすること、すなわち結婚をして、神様の願われる家庭を築くことだったのです。

　イエス様から出発した**キリスト教の2000年の歴史は、再び来られるイエス様、すなわち再臨主の相対となる新婦を探し求めるための歴史であった**ということができます。その歴史的な願いが、真のお父様と真のお母様の聖婚によって果たされたのです。

　この聖婚式によって、アダムとエバの堕落によって失われた「真の父母」の位置が復帰されました。歴史上初めて、真の男性と真の女性が正しく出会い、神様の願われる結婚が成立したことになります。それは同時に、**全人類にとって、神様の願われる結婚をする道が開かれた**ということでもあります。それが「**祝福結婚**」なのです。

　また、この祝福結婚は、全人類が神様の血統につながり、その愛と生命を相続していく道でもあります。こうして、真の父母様の聖婚により、この地上、さらには霊界にまで、神様の愛と生命と血統が広がっていくための礎が据えられたのです。

■真の父母様の聖婚式

・1960年4月11日
（天暦3月16日）挙行

・ヨハネの黙示録第19章に
預言された「小羊の婚宴」成就

■真の父母として出発

キリスト教の2000年の歴史

＝再臨主の相対となる新婦を
探し求めるための歴史

 真の父母様の聖婚式によって成就

 真の父母の位置復帰

 祝福結婚の道が開かれる

第3章　血統復帰のための摂理歴史

4）真のお母様が歩まれた道

　人類の母として立たれた真のお母様が歩まれてきた道も、決して平坦な道ではありませんでした。**三代にわたってキリスト教の篤実な信仰を継いだ家庭でお生まれになった真のお母様は、幼い頃から神様を御自分の父親と思いながら成長されました。**しかし、38度線で韓半島が分断される中、命懸けで北から南に下ることになったり、韓国動乱（朝鮮戦争）の渦中、避難生活を余儀なくされたりするなど、度重なる困難に見舞われます。それでも、**真のお母様は天に対する信仰と、将来は天の花嫁になるという自覚を持たれ、一つ一つ、それらの困難をくぐり抜けてこられました。**そのような中、真のお父様と出会い、聖婚されたのです。

　聖婚後、7年間は、真の父母様が神様の願われる本然の家庭基準を完成するために歩まれた期間でした。真の父母様は外的に様々な摂理を展開されるとともに、内的にも多くの心情の峠を越えながら、復帰摂理に残された内容を蕩減（とうげん）していかれました。この期間、真の家庭に子女様が誕生し、具体的に神様を中心とする四位（よんい）基台が備えられることになります。真のお母様はこのような天の摂理を、絶対的な信仰、忍耐、献身によって支えられました。

　こうして、**真の父母様が内外共に勝利の基準を立てられた上で、1968年1月1日、「神の日（現・天の父母様の日）」が宣布**されたのです。この日、地上で初めて真の家庭の勝利基準が立つことにより、神様が地上に臨在できる基準が立ちました。真の家庭を通して、神様の愛が完全に着陸し、顕現するようになったのです。

3．再臨主、真の父母を中心とする復帰摂理

■聖婚前に歩まれた道

趙元模（チョウオンモ）
ハルモニ

三代にわたってキリスト教の篤実な信仰、娘1人の家庭

洪順愛（ホンスネ）
大母様（テモ）

神様を御自分の父親だと思って成長

独り娘
真のお母様

北から南下、韓国動乱での避難生活など困難な道を歩まれる

■聖婚後に歩まれた道

1960年4月11日（陽暦）：聖婚式

本然の家庭基準完成のための歩み

真の子女様誕生
神様を中心とする四位基台造成

1968年1月1日（陽暦）：「神の日」宣布
地上に真の家庭の勝利基準が立つ

神様が地上に臨在、神の愛が顕現

第3章　血統復帰のための摂理歴史

⚠ 本章のポイント

- 神様は、堕落とは反対の経路を通して、蕩減復帰をしてこられた。その第一段階として、善悪を分立し、神様が働ける基台を立てる。第二段階として、女性の胎中まで遡り、そこで善悪を交差させ、神側に血統を復帰したという基台を立てる。そして第三段階として、本然の血統を持った真の父母を地上に送るのである。

- ヤコブ路程を通して、サタンを分立した善の家庭基準が初めて立ち、イスラエル選民圏が出発した。その基台の上で、自分の命以上に血統を重要視したタマルの信仰によって胎中聖別が成され、血統を復帰する条件が立った。

- タマルと同じ信仰基準を持ったマリヤを通して、サタンの血統が清算された、無原罪の清い存在として、イエス様が誕生した。

- イエス様の最大の目的は、相対を得て、神様を中心とした正しい結婚をし、本然の夫婦愛を完成するとともに、真の父母となって、神様の血統圏を出発させることにあった。そのためには、まず神様の準備した花嫁（独り娘）と出会い、神様が願われる形で結婚をしなければならない。

- マリヤとヨセフ、氏族圏、イスラエル民族が不信の立場に立ったため、イエス様は十字架の道を行かざるを得なかった。このイエス様の使命を完全に果たすために、再臨主が来なければならない。

- 1960年4月11日（天暦3月16日）、真のお父様と真のお母様が、神様を中心として結婚式を挙げ、真の父母の位置に立たれた。これにより、全人類にとっても、神様の願われる結婚をする道が開かれた。それが祝福結婚である。

❓ 話し合ってみよう

- ヤコブが試練に勝利できた秘訣は、何だったのだろう？

- 2000年前に、イエス様の聖婚が成されていたとすれば、今頃はどのような世界になっていただろうか。

第4章

祝福結婚の意義と価値

第4章　祝福結婚の意義と価値

１．真の父母によってもたらされた祝福結婚

１）歴史上、初めて示された本然の結婚基準

　1960年に真のお父様と真のお母様が出会って、真の結婚式がなされることによって、結婚に関する天の伝統が初めて人類の前に示されました。

　それまでの歴史では、多くの宗教者が独身生活を送ってきました。なぜなら、人間始祖が正しい結婚式を挙げることができなかったからです。本来は、アダムとエバが真の父母となって、そこからすべての人間が誕生するようになっていました。それが、堕落によっていまだ真の結婚式を挙げられていなかったのですから、人類は本然の姿として生まれてもいない立場なのであり、ましてや神様の祝福する結婚ができる立場では全くなかったのです。

　これまで人類がしてきた結婚は、天使長ルーシェルとエバの堕落した愛の基準を受け継ぐものです。そのような偽りの愛を中心として結婚することは、神様にとって怨讐(おんしゅう)の中の怨讐であり、悲しみの中の悲しみでした。人類の中で、先駆けて神様と真理を求めて歩んだ宗教者は、そのことを我知らず悟り、独身の道を歩みながら、誰よりも神様を愛そうと身もだえしてきたといえるでしょう。

　そのような人類歴史の中で、こうして**神様を中心とする本然の基準の結婚が示された**というのは、神様にとっても、霊界と地上においても、最高の喜びと希望、祝福であるということができます。

　また、本来、結婚の目的は、神様の愛をはじめとして、創造の権限と主管権を相続するところにあります。**結婚式とは、神様の愛を受ける愛の伝授式であり、神様の全権を相続する相続式**なのです。そして、その愛と権限は、先に神様から与えられている父母を通して受けるものですから、**子女の結婚は本来、父母が司(つかさど)るものであり、父母を抜きにしては成立しない**のです。父母を通さずして、子女が父母の持つものを相続する道はないからです。

1．真の父母によってもたらされた祝福結婚

■本然の結婚基準

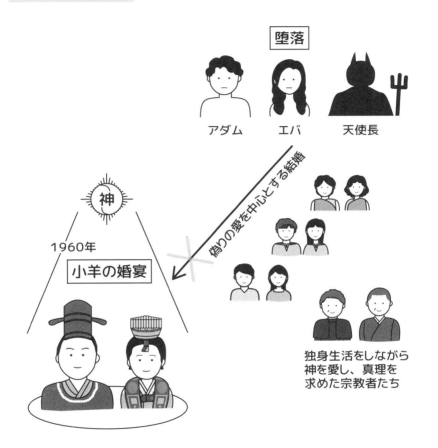

・神を中心とする本然の結婚基準が立つ
・神の創造の権限と主管権を相続する父母が立つ
　⇨ その父母から、子女たちもそのような権限を相続する

第4章　祝福結婚の意義と価値

2）真の父母の価値

　本来、父母が神様の愛と一つになり、神様がその父母に臨在できる基準が定まることによって、子女も神様と関係を結ぶことのできる愛の基準が立つようになっています。このような観点から見るとき、人類が本来の結婚、すなわち祝福結婚をして、神様の愛と権限を相続するには、真の父母が不可欠です。**神様の愛と一体化した真の父母が立たない限り、本来の結婚をする道はなく、神様の愛と権限を相続する道もない**といえるのです。

　真の父母は、サタン世界と闘って勝利し、サタンの讒訴圏を抜け出した立場に立つ方です。サタンが讒訴できる内容を一切残さず、完成基準を超えた位置に立ってこそ、真の父母となり得るのです。そのような父母によってのみ、サタンが相対できない、本然の結婚式が可能となります。

　今までの結婚は、サタンが相対するものでした。堕落によってサタンが愛の領域を支配するようになったわけですが、結婚とはまさに、人間がその愛の領域に足を踏み入れ、愛の実を結ぶことです。言い換えれば、**サタンが結婚を通して、人間を偽りの愛によって主管してきた**ともいえます。本来、天国に入る玄関として位置づけられていた結婚が、人間始祖の堕落によって、逆に地獄への入り口となってしまったのです。

　以上の観点からすると、まず本然の男性と本然の女性が、神様を中心とする結婚をして真の結婚の在り方を示し、真の父母として立たなければなりません。そうして初めて、子女の立場にある人類も、祝福結婚の伝統を相続し、出発させられるのです。

　それゆえ、**人類の願いは何よりもまず、真の父母に出会うこと**です。真の父母に出会うことによって、私たちは過去、現在、未来を新たに見いだすことができます。真の父母にいかに出会うかが、私たちにとって、人生の最重要課題となるのです。

1．真の父母によってもたらされた祝福結婚

■人類の願い

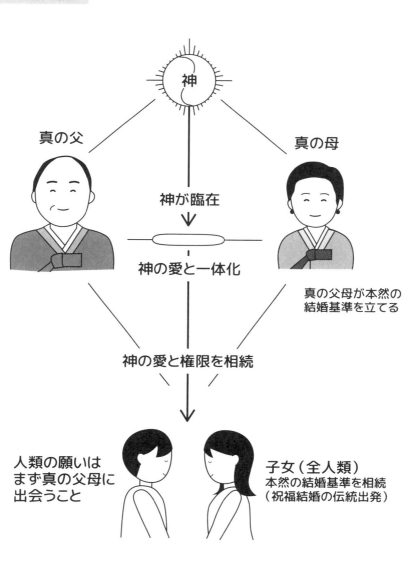

第4章　祝福結婚の意義と価値

２．祝福結婚の意義

１）本然の価値の回復

　アダムとエバは本来、愛が十分に成熟した、個性完成基準で結婚するようになっていました。そして、結婚して夫婦愛を完成させ、神様の愛の直接主管圏に入るようになっていたのです。ところが、**アダムとエバが実際に夫婦の愛の関係を結んだ位置は、長成期完成級でした。**そこにおいて、天使長ルーシェルとエバが愛の関係を結び、さらにその非原理的愛を中心として、堕落エバとアダムが夫婦の関係を持ったのです。

　このようにして**堕落することによって、長成期完成級以下の位置は、サタンが主管する堕落圏となりました。**この堕落圏において、真の父母を迎えることはできません。したがって、**長成期完成級の型を備えた位置で真の父母を迎え、その真の愛を中心に男女が出会って初めて、堕落圏を超える結婚が可能となる**のです。堕落は長成期完成級において、夫婦の関係を通して起きたのですから、蕩減復帰の原則から見るとき、復帰も長成期完成級の型を備えた位置で、夫婦の関係をもって成し得るといえます。これが祝福結婚です。

　人間は真の父母によって与えられる祝福結婚をすることで、本然の価値を回復する道を進むことができます。そして、人間が本然の位置を復帰することを通して、万物界も、天使界も、本然の価値を回復できるようになります。さらに神様も、その本来の権能を発揮できるようになるのです。すなわち、**真の父母の顕現と祝福結婚の実施は、神様の理想を回復していく出発点**になるのです。

　祝福結婚をすることで、私たちは神様が人間始祖の堕落以降、復帰摂理をされながら願ってこられた内容を、実体で成し遂げた立場に立つことができます。また、これまで先祖が失敗し、サタンの讒訴条件となってきたすべてのことを蕩減復帰して、地上で愛の完成体に向かって出発できる道が開かれることにもなるのです。

2．祝福結婚の意義

■復帰摂理における祝福結婚の意義

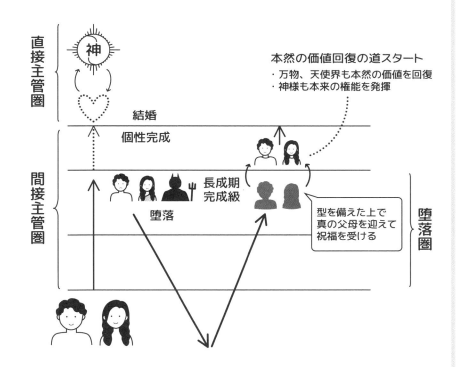

第4章　祝福結婚の意義と価値

２）真の父母と永遠の因縁を結ぶ

　また、祝福結婚の恩恵として、真の父母と永遠の因縁を結べることが挙げられます。**祝福結婚をするということは、子女として真の父母から愛を相続する立場に立つことです。それはすなわち、真の父母と親子の愛の因縁を結ぶということです。**父母の子女に対する心情と愛は絶対的であって、いかなるものでも断ち切ることはできません。ですから、**祝福結婚をした者は霊界に行っても、真の父母が永遠に責任を持ち、主管し、指導される**のです。

　歴史的に堕落の環境圏で生きてきた人間は、たとえ祝福結婚をしたとしても、その後、自らの決意と努力だけで、堕落の習慣性を完全に抜き取ることはできません。それゆえ私たちは、真の父母が永遠に責任を持ってくださろうとするときに初めて、完成への希望を持つことができるのです。

　私たちにとって、神様の愛と一体化した真の父母と因縁を結ぶこと以上の恩恵と希望はありません。地上でその因縁を結ぶことができない場合、それを霊界で結ぶのは、なお一層困難です。肉身がある場合は、たとえ相対基準が合わなくても同一の時空間内にいれば、そこで因縁を結ぶ道があります。しかし、霊界ではその心霊基準によって住む層が異なるので、相対基準が合わない相手と出会うことは非常に難しいのです。

　地上で祝福結婚をすることによって、堕落圏を超えて結ばれた真の父母と私たちの本然の因縁は、霊界においても永遠に続くのです。

　さらに、**祝福結婚をすることによって、私たちは真の父母の勝利圏を相続することができます。**すなわち、神様の真の愛、創造の権限、万物に対する主管権をすべて、相続していくことができるのです。歴史を通して人類が願ってきた一切を、祝福結婚によって手にすることができるのです。

2．祝福結婚の意義

■真の父母との永遠なる親子の因縁

神

親　　真の父母

祝福結婚によって
……… 永遠の因縁 ⇒ 霊界に行っても真の父母が永遠に責任を持ち、主管、指導される

子　　私たち（子女）
・完成に向かって努力
・霊界に行ってから因縁を新たに結ぶのは困難

■真の父母の勝利圏相続

さらに

祝福結婚 ：真の父母の勝利圏相続　｛ 神の真の愛 / 創造の権限 / 万物に対する主管権

第4章　祝福結婚の意義と価値

3．血統転換のプロセス

1）胎中聖別の基台の上で誕生する本然のアダム

　これまで見てきたように、**復帰歴史の目的は血統転換、すなわちサタンの血統から神様の血統に転換すること**にあります。それゆえ、**祝福結婚の中心的意義も血統転換にある**といえます。それでは、祝福結婚を通して人類はどのように血統が転換されていくのでしょうか。

　血統は、子女の生命が出発するときに始まります。父母が神様の愛を中心として一体化した結果、子供が生まれることによって、神様の血統が始まるのです。父の骨髄の中から出た種が、愛の関係を結ぶことで母の胎に入り、一つになることによって、生命が誕生します。これが、父母から子女が生まれる原則です。

　堕落の過程を見ると、まず天使長ルーシェルとエバが非原理的な愛の関係を結ぶことによって、エバの胎中を汚しました。次に、そのエバがアダムと偽りの夫婦愛の関係を持つことによって、アダムの中の種までが、堕落の影響を受けるようになったのです。そのようにして、悪に染まったアダムの中の種が、同じく悪に染まったエバの胎中に宿って誕生したのが、サタンの血統を持つ堕落した人間です。

　復帰は、反対の経路を通して成されるのが原則ですから、堕落した血統を復帰するためには、まず母の胎から復帰していかなければなりません。母の胎からサタンの血統が出発したわけですから、**母の胎中まで遡って、そこで善悪を交差させ、血統を復帰する**という摂理が必要になるのです。これを成し遂げたのが、旧約聖書におけるタマルという女性でした。このタマルの信仰基準を相続することで、胎中聖別の基台の上に立ち、堕落していない本然のアダムを迎えることができるようになるのです。そのような方として来られたのがイエス様です。さらに、再臨主はそのイエス様が大人になるまでに築かれた勝利の基盤の上に来られるのです。

3．血統転換のプロセス

■本然のアダムを迎えるまで

堕落

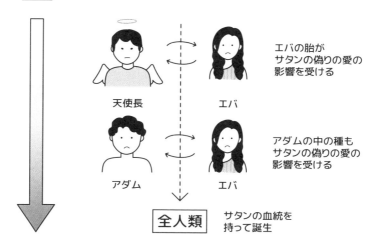

エバの胎が
サタンの偽りの愛の
影響を受ける

アダムの中の種も
サタンの偽りの愛の
影響を受ける

全人類　サタンの血統を持って誕生

復帰

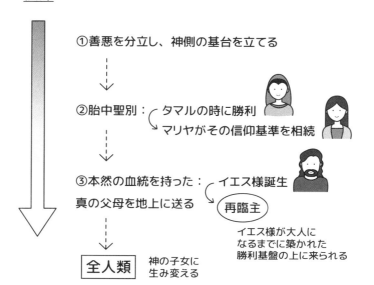

①善悪を分立し、神側の基台を立てる

②胎中聖別：タマルの時に勝利
　マリヤがその信仰基準を相続

③本然の血統を持った：イエス様誕生
　真の父母を地上に送る　再臨主

イエス様が大人に
なるまでに築かれた
勝利基盤の上に来られる

全人類　神の子女に生み変える

第4章　祝福結婚の意義と価値

2）甘柿と渋柿の例え

　このようにして来られた本然のアダムが、地上で本然のエバと出会い、結婚することで、真の父母となります。そうして、真の父の中の生命の種が真の母の清い胎の中に宿ることで、そこから神様の血統を持つ子女が生まれてくるのです。それが真の子女です。このようにして、神様は真の父母を通して、新しい神様の血統を出発されるのです。

　それでは、既に生まれている人々は、どのようにして、その神様の血統につながっていくのでしょうか。そのプロセスは、接ぎ木に例えることができます。本来ならば、神様から出発する甘柿の血統が永遠に続くはずだったのですが、堕落によって、それが渋柿になってしまいました。その渋柿の種が落ちてはまた渋柿が生え、ということを繰り返しながら、渋柿の血統が受け継がれてきたのです。渋柿から甘柿の種が出てくることはあり得ません。そういう状況の中で、甘柿の種が新たに天から下りてきて、地上で新しい甘柿として出発したのです。

　天から下りてきたその甘柿の種に、歴史的に受け継がれてきた渋柿の流れをつなぐには、接ぎ木をする以外にありません。すなわち、渋柿の根に近い部分の幹を切って、その上に甘柿の芽を接ぎ木するのです。そうすると、渋柿の根は残るのですが、甘柿の芽が成長することによって、そこから甘柿の実がなるようになります。つまり、**渋柿である全人類が、祝福結婚によって甘柿の芽、すなわち神様の血統を接ぎ木された後、それを大切に守っていくことによって、そこから神様の愛と生命が流れ込み、神様を中心とした新しい血統の流れが生まれてくる**のです。これが、**人類がサタンの血統から神様の血統に転換されるメカニズム**です。

3．血統転換のプロセス

■神の血統の出発

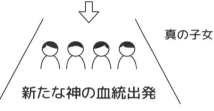

小羊の婚宴→真の父母

真の子女

新たな神の血統出発　　　既に生まれている人は？

■接ぎ木の流れ

人類がサタンの血統から神の血統に転換されるメカニズム

甘柿

渋柿

甘柿の芽を接ぎ木する

渋柿

成長

甘柿の実がなる

根に近い部分を切る

第4章　祝福結婚の意義と価値

3）祝福結婚の一連の流れ（聖酒式、祝福式、蕩減棒(とうげんぼう)行事）

※3）、4）の一連の流れは、一世に該当するものであり、祝福子女の祝福結婚行事には該当しません。5）参照

　堕落の順序として、エバがまず天使長と関係を持ち、霊的堕落をしました。そして、その結果として、アダムを誘惑して肉的堕落をすることで、エバはアダムを、天使長（サタン）の息子として生み変えた立場に立ちました。復帰は、その経路と反対のプロセスを経る必要があるので、**まず女性が本然のアダムの相対の立場に立ったという条件を立てた後、天使長の立場にいる男性を神様の息子に生み変える**ことになります。

　祝福式に先立って行われる聖酒式には、原罪を脱ぎ、血肉を交換するという意味があります。この聖酒式を経なければ原罪を脱ぐことができず、祝福式に参加することはできません。聖酒式で、新婦は真の父母様から聖酒を先に頂き、半分飲むことによって、神様の愛と直接因縁を結んだ立場に立ちます。この時点で、新婦は内外共に血統転換された立場に立ちます。次の段階として、新婦が聖酒の残り半分を新郎に渡し、新郎がそれを飲みます。ただし、新郎はこの時はまだ、内的にのみ血統転換された立場であって、血統転換が完了したわけではありません。あくまでも、新郎は天使長の立場にいるのです。男性の血統転換が実体的に終了するのは、祝福式後の三日行事を行った時になります。すなわち、女性と男性では、血統転換のプロセスが違うのです。

　聖酒式の後、晴れて祝福式に参加したカップルは、式の後に、蕩減棒行事を行います。蕩減棒行事は、アダムとエバが下部を誤って用いて堕落したことを蕩減する意味で、新郎と新婦が互いに臀部(でんぶ)を棒で三回ずつたたく儀式です。またこの行事には、祝福結婚をする前に犯したすべての罪、悪なる考えや生活、男女問題などの清算を懸けて、お互いに蕩減し合うという意味もあります。同時に、夫婦で再びこのような場面を迎えることがないように決意する場でもあるのです。

3．血統転換のプロセス

■一連の流れ（１）

聖酒式
・原罪を脱ぐ
（聖酒式に参加せず祝福式に参加することはできない）

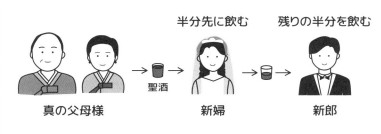

・新婦は内外共に血統転換、新郎は内的にのみ血統転換

祝福式
・堕落圏を超えて、真の父母と親子の因縁を結ぶ

主な流れ
- 聖水儀式
- 聖婚問答
- 祝祷
- 聖婚宣布

蕩減棒行事
・下部を誤って用いて堕落したことを蕩減
・過去のすべての罪、悪なる考えや生活をお互いに蕩減
・再びこのような場面を迎えないように決意

次ページに続く

第4章　祝福結婚の意義と価値

4）祝福結婚の一連の流れ（聖別期間、三日行事）

※3）、4）の一連の流れは、一世に該当するものであり、祝福子女の祝福結婚行事には該当しません。5）参照

　祝福を受けたカップルは、蕩減棒（とうげんぼう）行事の後、40日間の聖別期間に入ります。この40数には、アダムからイエス様までの4000年、ヤコブから再臨主までの4000年を越えるという意味があります。さらに、40数はサタン分立数ですから（『原理講論』305頁参照）、この期間を通して、堕落によって受け継がれてきた罪や、過去のすべての過ちを分別し、清算するという意味があるのです。

　この期間における、祝福を受けた二人の関係は、エデンの園で成長期間にあったエバと、それを見守っていた天使長の関係に当たります。ですから、この期間において重要なのは、二人が夫婦としての愛を育むことではありません。女性においてはまず、横的な関係より、真の父母様を慕い求める縦的な関係を育むことが大切です。また、天使長の立場にいる男性を放っておくのではなく、縦的関係において感じた愛を男性に伝え、証し（あか）していく姿勢を持たなければなりません。一方、男性も、女性がそのように縦的関係を求めていけるように積極的にサポートしながら、自身の縦的関係を深めていく必要があります。

　また、**この期間には、本然の兄弟姉妹としての愛を育むという側面もあります**。現実的な意味において、相手のことをよく理解できるように努める期間でもあるということです。

　このような聖別期間を経た後に、三日行事を行うことで、晴れて二人は本然の夫婦として出発するようになります。三日行事によって、男性は天使長の立場から、女性を通して完全に神様の息子として生み変えられます。そこから成長し、本然の夫としての位置を復帰するようになるのです。男性の血統転換はこの時点で初めて、実体的に完了します。一方、女性にとっても、三日行事には本然の夫を迎え、本然の妻の位置を得ていくという原理的な意味があるのです。

3．血統転換のプロセス

■一連の流れ（2）

前ページから
↓

聖別期間
- 復帰歴史の4000年を越える
- サタン分立数を通して、過去のすべての過ちを分別、清算

この期間中は……

新郎　　　新婦

天使長の立場　　エバの立場

横的関係よりも、神様、真の父母様との縦的関係を深める

一方で……

兄（弟）　　妹（姉）

兄弟姉妹として、互いに対する理解を深める

↓

三日行事
- 新郎が実体的に血統転換（天使長から神の息子に）
- 本然の夫婦として出発

第4章　祝福結婚の意義と価値

5）原罪のない、神様の子女の立場

　真の父母様は、祝福結婚の一連の行事を通して、私たち一人一人が神様の血統に戻ることができるように、具体的な手順を示してくださいました。こうして、**サタンとの血統関係が清算された祝福家庭は、原罪のない神様の子女の位置に立つようになります。その夫婦から生まれてくる子女（祝福子女）も、言うまでもなく、生まれながらにして原罪がありません。**

　ですから、このような血統転換のプロセス、すなわち血統転換のための聖酒式、蕩減棒(とうげんぼう)行事、蕩減条件としての聖別期間、三日行事は、一世の祝福が該当するもので、（祝福子女が受ける）二世祝福（三世以降の祝福も含む、以下同）にはありません。ただし、血統転換ではなく、その時の摂理的な意味における聖酒式が二世祝福でも行われる場合がありますし、二世祝福にも、精誠期間としての40日聖別期間が設けられています。これらの内容については、その都度、教会を通して、詳細を確認しながら進めることになります。

　真の父母によって祝福を受ける者は、歴史上、誰よりも恵まれた立場に立っています。今まで誰も成し得なかった、神様が祝福される本然の結婚をすることができ、さらに、そこから神様の永遠なる血統圏を広げていくことができるのです。その血統を通して、神様の愛と生命も、相続されていきます。このように、**真の父母様を通して祝福を受けた祝福家庭によって、地上に神様の真の愛、真の生命、真の血統が連結され、神様の願われる平和理想世界が築かれていく**のです。

3. 血統転換のプロセス

■一連の行事をすべて通過した夫婦

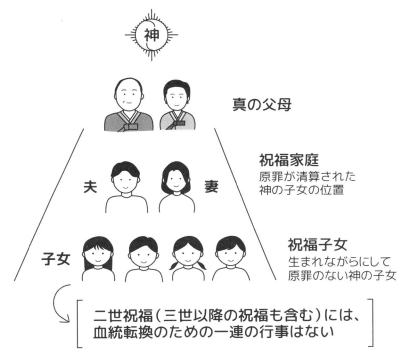

* ただし、摂理的な意味が込められた聖酒式が行われる場合がある。また、精誠期間として40日聖別期間が設けられている。

⇨ 詳細は所属教会に確認

◎ <u>真の父母様を通して祝福を受けた祝福家庭によって、神の願われる平和理想世界を築いていく！</u>

第4章　祝福結婚の意義と価値

4．理想相対

1）理想相対としての役割

　祝福結婚の理想は、ただそれを受けることによって完成するのではなく、**配偶者と共に築き上げていくもの**です。ですから、その理想の実現のために、配偶者同士がお互いに理想相対として果たす役割についても理解しなければなりません。

　アダムとエバはもともと、お互いに理想相対となる立場にいました。しかし、堕落によってそのような関係性を築く基台が失われてしまったのです。祝福結婚によって与えられた配偶者は、このアダムとエバの位置を蕩減復帰した立場にあり、お互いに理想相対となることのできる相手です。それは神様が与えてくださった配偶者ですから、サタンが侵入できない立場で結ばれた夫婦であるといえます。その夫婦は、歴史におけるすべての失敗を蕩減復帰した立場、サタンの讒訴条件に引っ掛かった一切を清算した基台の上で、神様の公式的な原理によって結ばれているのです。

　一般的にも、夫婦はお互いに、様々な違いを持っていると言われます。顔の形、体型から始まり、性格の違い、関心事、さらには持っている運気など、あらゆるものが違っている可能性があるのです。しかし、祝福を受けた夫婦は、それらの違いを人間的に見つめるのではなく、神様の観点から見つめる必要があります。**真の愛を中心としてお互いに補い合い、違いを乗り越えていこうとするときに、その夫婦は理想相対としての関係を築いていくことができる**のです。

　ここでは、祝福結婚によって結ばれた夫婦が、お互いに理想相対として果たすべき四つの役割、すなわち「血統的な課題の清算」、「四大心情の復帰」、「本然の夫婦愛の完成」、「理想的な未来の出発」について説明します。

4．理想相対

■違いを乗り越え、祝福理想を共に完成させていく

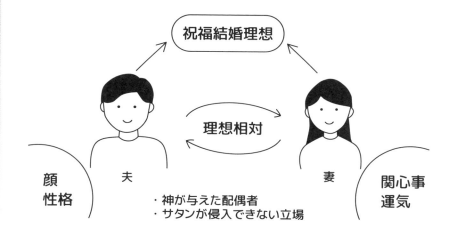

- 神が与えた配偶者
- サタンが侵入できない立場

■理想相対として果たすべき四つの役割

- 血統的な課題の清算
- 四大心情の復帰
- 本然の夫婦愛の完成
- 理想的な未来の出発

第4章　祝福結婚の意義と価値

2）血統的な課題の清算

　祝福結婚を通して、私たちは原罪を清算して、サタンの血統から神様の血統へと転換されます。それに加え、**祝福結婚による相対関係を通して、私たちが先祖から受け継いでいる血統的な課題も、清算していける**のです。

　私たちに起こる様々な問題は、先祖代々積み重ねられてきた課題が結実して起こっている場合が多くありますが、それを解決すれば、その恩恵が先祖にも及ぶことになります。それゆえ、私たちは過去の先祖にも責任を持たなければなりません。

　特に、霊界において最も複雑な問題が、愛の問題です。堕落によって、人間はサタンの血統を受け継ぎましたが、それに加え、先祖における様々な愛の怨み、歪み、もつれが代々続き、その血統を複雑なものにしてきました。すなわち、同じサタンの血統でも、その中で先祖が犯してきた愛の問題の大小によって、各自が抱える課題の内容や量が異なってくるのです。それは、その人自身が清算すべき、先祖の課題ということができます。

　メシヤは、私たちが抱える、先祖由来の課題についても解決の道を開いてくださっています。その**メシヤを通して結ばれた夫婦の間において本然の愛の関係を築いていくことで、先祖がこれまで偽りの愛によって犯した過ちを蕩減し、清算していく立場に立つことができる**のです。その結果、歴史的につながってきた悪なる血統的な課題を清算することができます。

　また、**真の父母様の勝利圏によって、先祖を直接解怨し、祝福する道も開けました。**今やＨＪ天宙天寶修錬苑で行われる天寶役事を通して、自らの先祖を何百代と遡って解怨し、祝福することができるのです。

　このように、祝福結婚は私たちに連綿と続いてきた血統的な課題をすべて清算する道を開いてくれています。

■先祖に対しても責任を持つ

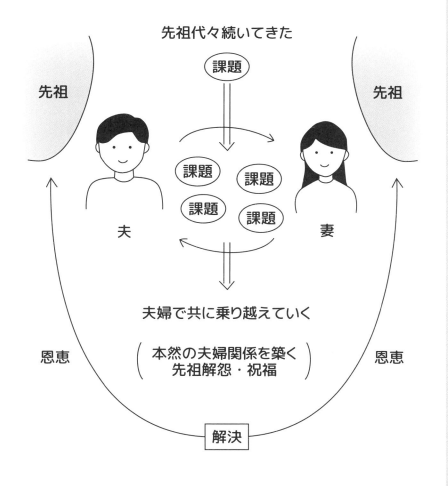

第4章　祝福結婚の意義と価値

３）四大心情の復帰

　祝福結婚によって与えられた配偶者を通して、私たちは堕落によって失われた四大心情を復帰する道が与えられます。

　堕落圏においては、いかに神様を中心とする愛で人を愛そうと思っても、限界があります。偽りの愛、自己中心的な思いが、サタンの血統圏にあることを条件として、常に侵入してくるからです。それゆえ、私たちが堕落圏において子女の心情、兄弟姉妹の心情、夫婦の心情、父母の心情を育んだとしても、それは神様が本来願われ、完全に主管することのできる本然の心情とはなり得ないのです。

　この本然の四大心情を、私たちは祝福結婚を通して、復帰していくことになります。まず、祝福結婚をすることによって真の父母様に対して子女の立場に立った私たちは、神様と真の父母様に対して、本然の子女の心情を育んでいくことになります。同時に、夫婦が最初は兄弟姉妹として接する中で、本然の兄弟姉妹の心情を育むのです。

　さらにその愛を成熟させていく中で、やがて本然の夫婦の心情も育んでいくことになります。そして、子女が生まれれば、その神様の子女に対して、本然の父母の心情を育んでいくのです。また、そこには、生まれてきた子女を見つめながら、本然の子女の心情、本然の兄弟姉妹の心情を学び、追体験するという側面もあるでしょう。このような意味で、**夫婦はお互いに本然の四大心情を復帰させてくれる、かけがえのない存在である**ということができます。

　このように、**私たちは祝福結婚をすることによって初めて、神様が願われる本然の子女の心情、本然の兄弟姉妹の心情、本然の夫婦の心情、本然の父母の心情を復帰することができる**のです。

■夫婦間で四大心情を復帰する

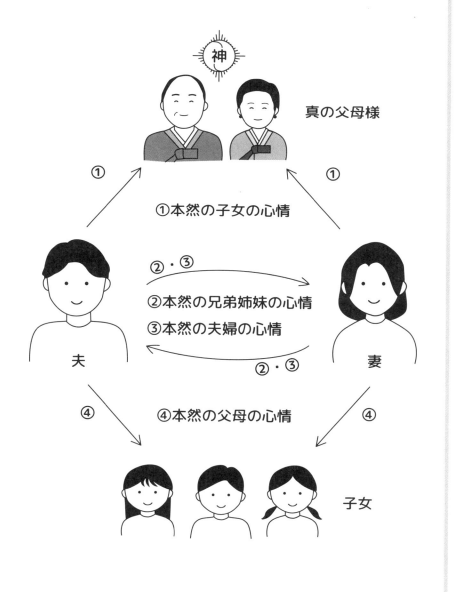

第4章　祝福結婚の意義と価値

4）本然の夫婦愛の完成

　四大心情の中でも、特に夫婦の心情を育む中で交わされる、夫婦の愛について考えてみましょう。**祝福結婚によって結ばれた夫婦は、これまで歴史上、誰も経験したことのない、神様を中心とする夫婦の愛を出発することが許された立場**にあります。

　夫婦の愛が交わされる場は本来、神様が最も願い、直接臨在しようとされた貴い場です。それが堕落によって、逆に神様にとって最も怨讐(おんしゅう)の場、悲しみの場となってきたのです。実際に、人類歴史において、この夫婦（男女）の愛や、性の問題によって、これまでどれほど多くの人が傷ついてきたでしょうか。そのような歴史的な背景を清算して、新たに神様の祝福のもとで出発したのが、祝福結婚によって結ばれた夫婦です。ですから、その二人は、**愛し合えば愛し合うほど、無限に愛が高まり、夫婦の姿が神様の似姿となっていく**のです。二人の間のすべての壁を超えて一体化する中で、平安と幸福が訪れます。

　そのような意味では、お互いに正反対の要素を備えていて、超えるべき壁が高い夫婦であればあるほど、それを超えて一つになったときの喜びが大きいということになります。性格や文化、持って生まれた運勢など、**多くの違いを持った夫婦が、お互いに足りない部分を補い合い、真の愛を中心として一つになったとき、神様の願われる調和の美を成した夫婦愛が完成する**のです。

　特に、怨讐関係にあった先祖を持つ人同士や、怨讐関係にある国の人同士が結婚し、真の愛で愛し合えば、歴史を通して積み重なってきた課題を解決することができます。そのような夫婦の姿に、神様も感動せざるを得ないでしょう。

4．理想相対

■歴史上初めて、神を中心とする夫婦愛が出発

第4章　祝福結婚の意義と価値

5）理想的な未来の出発

　これまで見てきたように、私たちは祝福結婚を通して、過去の血統的な課題を清算し、現在において本然の四大心情を復帰していきます。その上で、さらに理想的な未来も出発させていくのです。

　祝福結婚をした夫婦から生まれてくる子女は、サタンの血統圏を断ち切った立場にいます。それは、サタンや過去の先祖たちからの影響以上に、神様と真の父母様からの愛と期待を背負って生まれた立場です。その子女を通して、将来、神様の愛、神様の生命、神様の血統が、全世界に広がっていくのです。

　特に、それが国際結婚をした夫婦、すなわち国境を超えて真の愛で一つになった夫婦から生まれた子女であれば、その子女はもはや、二つの国を別々のものとして捉えることはできません。両方とも愛する親の国ですから、等しく愛そうとするのです。それらの国同士が争いをするようになれば、まるで父母がお互いに争っているかのように感じ、心を痛めるのです。

　また、**全世界に散らばっている祝福子女たちが、神様と真の父母様を中心とする一つの血統圏として、お互いに兄弟姉妹として交流しながら、国境を超えた一家族としての世界的なつながりを形成**していきます。そのような中で、今後、世界は神様を中心とする一つの文化圏に統一されていくでしょう。そこに私たちの未来があり、希望があります。

　このような観点に立つとき、**祝福結婚によって与えられる配偶者、理想相対は、過去、現在、未来のすべての理想の扉を開く鍵であり、「私」を救い、完成に導いてくれる「メシヤ」である**といえるのです。

■祝福結婚から開かれる未来

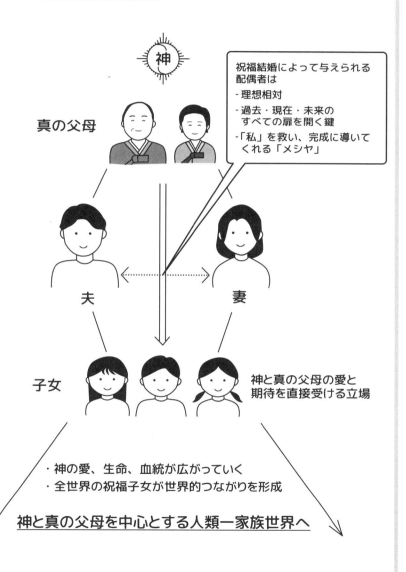

第4章　祝福結婚の意義と価値

❗ 本章のポイント

・アダムとエバが堕落する際、夫婦の愛の関係を結んだ位置は、長成期完成級だった。それゆえ、堕落圏を超えるためには、長成期完成級の型を備えた位置で真の父母を迎え、その真の愛を中心に男女が出会って結婚しなければならない。

・祝福結婚を通して、人類は真の父母と親子の関係を結ぶとともに、その勝利圏を相続する。祝福結婚をした者は霊界に行っても、真の父母が永遠に責任を持ち、主管し、指導される。

・祝福式に参加する夫婦（一世）は、一連の行事（聖酒式、祝福式、蕩減棒(とうげんぼう)行事、40日聖別、三日行事）を通して原罪を清算し、血統を転換して、神様の子女の位置に立つようになる。その夫婦から生まれてくる子女（祝福子女）は、生まれながらにして原罪がない。

・祝福結婚の理想は、配偶者と共に築き上げていくものである。真の愛を中心として互いに補い合い、違いを乗り越えていこうとするときに、その夫婦は理想相対となっていく。

・祝福結婚による相対関係を通して、先祖から受け継いでいる課題を清算するとともに、神様の願われる本然の四大心情を復帰していくことができる。また、神様と真の父母様を中心とする一つの血統圏として、国境を超えた一家族としての世界的なつながりを形成していくことができる。

・祝福結婚によって与えられる配偶者、理想相対は、過去、現在、未来のすべての理想の扉を開く鍵であり、「私」を救い、完成に導いてくれる「メシヤ」である。

❓ 話し合ってみよう

・どのような関係が、理想的な夫婦関係と言えるだろうか？

・夫と妻が、お互いにとっての「メシヤ」であるというのは、具体的に、どういうことだろうか？

第5章

神の血統を守るべき祝福家庭

第5章　神の血統を守るべき祝福家庭

1．祝福家庭の歴史的位置

1）復帰摂理を通して立てられてきた天の伝統

　これまで見てきたように、神様の復帰摂理の目的は、堕落によって失われた神様の愛、神様の生命、神様の血統を復帰し、それを拡大して、神様を中心とする一家族世界を実現することにありました。そのような観点からすれば、**祝福結婚を通して与えられた神様の血統を守り抜くことが、祝福家庭にとっての最優先事項**となります。

　真の父母様は、祝福家庭が世俗的な習慣に染まることなく、天の伝統を中心として自ら手本となる生活を送るとともに、子孫をしっかりと教育していかなければならないと語られています。

　祝福家庭は、ユダヤ教、キリスト教の基盤の上に立てられた、いわば神様の摂理の結実です。神様は復帰摂理を通して、本然の男性と本然の女性を地上に送り、その二人が神様を中心に結婚して真の父母となることで、神様を中心とする真の愛、真の生命、真の血統を生み出すようにしようとされました。その真の父母を地上に送るためには、堕落の経路を反対にたどって蕩減復帰をすることで、真の父母を送ってもサタンの讒訴を受けない条件を立てる必要があります。堕落は、神様よりも自分を優先し、愛した結果として起きたことですから、復帰に当たっては、自分の生命よりも神様を愛し、神様の祝福される血統を愛した基準を立てなければなりません。そうして神側に分別された血統の基盤の上で、初めて真の父母を送ることができるのです。

　神様の復帰摂理は、このように神様を愛する伝統、自分の生命よりも神様を優先する伝統、神様によって祝福された血統を守り抜く伝統を立てることを目指して、進められてきたといえます。それが、神様の涙と、多くの人々の犠牲によって綴られた、六千年の聖書歴史でした。

1．祝福家庭の歴史的位置

■復帰摂理の目的

| 神の愛 |
| 神の生命 |
| 神の血統 |

祝福結婚によって復帰 →

神を中心とした
人類一家族世界を築く

| 祝福家庭における最優先事項 | ・祝福結婚によって与えられた神の血統を守り抜くこと |

■真の父母を地上に送るための歴史

（堕落）　神よりも自分を優先して愛し合い、
　　　　サタンの血統を出発

↓

真の父母を地上に送るためには、
・自分の生命よりも神を愛する
・自分の生命よりも神の祝福される血統を愛する　｝ 基準を立てる

↓

| 真の父母が地上に顕現 |

第5章　神の血統を守るべき祝福家庭

2）祝福家庭に与えられた、かけがえのない価値

　神様の摂理の中で立てられた**ユダヤ教は、選民イスラエルの宗教として、その信仰を命懸けで守ってきました。**また、神様のみ言(ことば)である律法を生命よりも貴重視する伝統が立っていました。その基台の上でイエス様を正しく迎え入れていれば、そこから神様の血統が再出発するはずでした。

　また、イエス様が十字架で亡くなることにより、再臨に備えて新たに出発した**キリスト教も、信仰を命懸けで守りながら、殉教の歴史を綴(つづ)ってきました。**本来は、そのような基台の上に再臨主が来て、キリスト教の人々を祝福し、彼らを祝福家庭として出発させるべきだったといえます。

　しかし、神様が準備したそのような基盤は、人間が責任分担を果たせなかった結果、ことごとく失われてしまいました。それゆえ、真の父母様はすべての基台が失われた中で、再び人々を一から集めて再出発し、人類に祝福結婚の恵みを授けてこられました。**祝福家庭は、このような多くの犠牲の上で、歴史上初めて、神様の血統に接ぎ木された立場にある**のです。

　祝福家庭（一世）は、聖酒式、祝福式、蕩減棒(とうげんぼう)行事、聖別期間、三日行事まで全うすることによって、サタンの血統から神様の血統へと転換された立場に立っています。それはまさに、神様の復帰摂理の結論とも言える立場です。

　ですから、私たちは何よりもまず、そのようにして与えられた神様の血統に対して誇りを持つことが重要です。たとえほかに何もなくても、**真の父母様と因縁を結んだという一点において、私たちはかけがえのない価値を与えられている**のです。その価値をさらに、祝福二世、三世が継承していく必要があります。そうして代を重ねていくことで、神様の血統が広がり、それを通して神様の愛と生命も広く流れていくのです。

1．祝福家庭の歴史的位置

■祝福家庭が置かれた歴史的位置

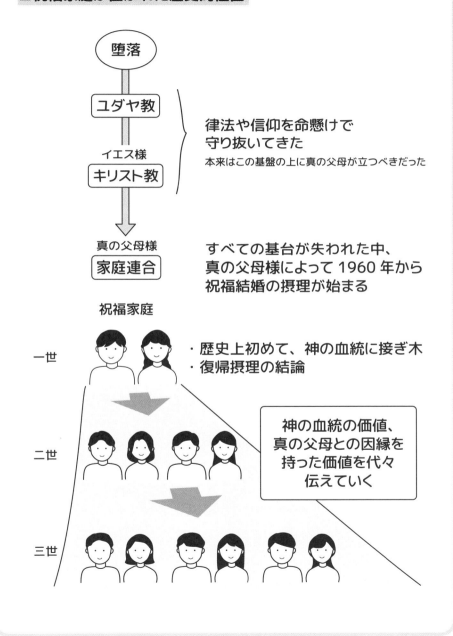

第5章　神の血統を守るべき祝福家庭

２．絶対「性」の基準

１）絶対純潔

　真の父母様は、このような歴史的な背景のもと、祝福結婚を通して私たちを神様の血統に接ぎ木してくださいました。その上で、**祝福家庭が守るべき絶対的指針として示してくださったのが、絶対「性」の基準**です。これは、人間が神様に似る者となって完成し、神様の息子、娘と呼ばれる人格者となるために必要不可欠な要素といえます。

　絶対「性」の基準の第一は、「絶対純潔」です。これはすなわち、**生まれてから、天の祝福のもとで理想相対と出会い、結婚するときまで、自らの「性」を絶対的に守らなければならない**ということです。特に、神様の血統を持って生まれてきた祝福子女が純潔を守り抜いて祝福結婚を受けることは、神様と真の父母様の何よりもの願いです。

　振り返ってみれば、神様が人間始祖アダムとエバに対して与えた唯一の戒めこそ、この絶対純潔を守ることでした。聖書ではそれを、「取って食べてはならない」（創世記第２章17節）と表現していたのです。

　神様は、アダムとエバがこの戒めを守って完成した暁には、神様と同等な共同創造主の立場に立つとともに、万物の主管主の位置に立つように創造されていました。それは、絶対「性」の基準を守って結婚してこそ、神様の真の愛を相続して自らを完成させ、真の生命、真の血統を新たに生み出していく立場に立てるからです。

　エデンの園で、神様がアダムとエバに懇切な心情で「取って食べてはならない」と言われたように、**今も神様、そして真の父母様は、私たちに、「絶対純潔を守りなさい」と語りかけていらっしゃる**のです。

2．絶対「性」の基準

■絶対「性」の基準

神に似る者として完成するために

絶対「性」 < 絶対純潔
　　　　　　絶対貞節

必要不可欠

■絶対純潔とは

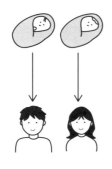

誕生

この期間において、自らの価値を知り、「性」を正しく守る
（＝「性的関係」を持たない）

理想相対と出会い、祝福結婚をする

取って食べてはならない

アダム　エバ

絶対純潔を守りなさい

真の父母

祝福子女

第5章　神の血統を守るべき祝福家庭

２）絶対貞節

　続いて、**天の祝福を受けて夫婦となった男女が守るべき絶対「性」の第二の基準が、「絶対貞節」**です。これは、**夫婦がお互いに貞節を守り、神様を中心とする夫婦愛を育みながら、理想家庭を築いていくこと**を意味します。すなわち、夫と妻が、それぞれ精神的にも、肉体的にも、お互いを天が定めてくださった唯一の配偶者、永遠の伴侶として愛するとともに、そのような夫婦の愛を基点として、子女を生み育て、家庭を営んでいくということです。夫婦は、そのように内的にも外的にも一つになって子女を生むことで、真の愛、真の生命、真の血統を創造する共同創造主の立場に立つことができるのです。

　天の願いが、そのような夫婦となり、家庭を築くことであることがひとたび分かったならば、サタン世界に蔓延(まんえん)している浮気や不倫をすることなど、想像だにできないことです。それらは、神様の創造理想から全く外れた行為です。

　真の父母様は、このような**絶対「性」こそ、天が人間に賦与された最高の祝福**であると語られています。**この基準を守ることなくして、人間は人格完成も、家庭完成もできない**というのです。

　神様が私たちを直接主管し、私たちと共に生活をなさるためには、私たち自身が、この絶対「性」を守る中で、家庭を築く必要があります。その中からこそ、天の願われる祖父母、父母、子女という、三代圏の基準が生まれてくるのです。神様は、このような家庭の基台の上に、永遠に安息されるのです。

2．絶対「性」の基準

■絶対貞節とは

祝福結婚をした夫婦が
精神・肉体の両面において
お互いを唯一の配偶者・永遠の
伴侶として愛し、子女を生んで、
家庭生活を営んでいく

真の愛・真の生命・真の血統を
生み出す共同創造主の立場

■絶対「性」の価値

・天が人間に賦与された
　最高の祝福
・人格完成、家庭完成は絶対
　「性」を守るところから！

天の願われる三代圏の基準

第5章　神の血統を守るべき祝福家庭

3）絶対「性」とために生きる実践

　神様がエデンの園でアダムとエバに対して「取って食べてはならない」という戒めを与えられたように、祝福家庭、そして祝福子女も、神様と真の父母様から、絶対「性」を守りなさいというみ言(ことば)を受け取っています。アダムとエバが、神様からの戒めを生命視して守らなければならなかったように、私たち祝福家庭も、この絶対「性」み言を生命視して、守らなければなりません。そのように神様の血統を守っていく土台の上で、ために生きる生活を通して、神様の願う世界をつくる必要があるのです。

　逆に言えば、**絶対「性」を守ることができず、神様の血統を守ることができなければ、私たちは本当の意味で、ために生きることも難しいし、神様の願う世界をつくることもできない**ということです。真の愛は、神様の血統を通して、私たちに流れ込んできます。ですから、絶対「性」を守ることを通して、神様の血統を死守する限りにおいて、私たちは神様の真の愛を相続し、実践していくことができるということです。

　「家庭盟誓(カヂョンメンセ)」の七節に、「本然の血統と連結された為(ため)に生きる生活を通して」とあるように、私たちは、**神様の血統を守るための絶対「性」と、ために生きる真の愛の実践をバラバラに考えるのではなく、一つの課題として捉えなければなりません。**

　祝福家庭は、真の父母様に侍(はべ)りながら、絶対「性」を守り、ために生きる生活を通して神の国をつくり上げていく、歴史的な使命を担っているのです。

■真の愛と真の血統、そして絶対「性」の関係性

- 愛は血統を通して伝えられ、発現する
- 真の愛は真の血統を通して発現する
- 真の血統を守ってこそ（絶対「性」を守ってこそ）、天の願われる真の愛を実践することができる

◎絶対「性」を守らずにいながら、天の願われる基準の「ために生きる生活」を実践することは困難！

家庭盟誓七節

> 天一国（てんいちこく）主人、私たちの家庭は、真の愛を中心として、本然の血統と連結された為に生きる生活を通して、心情文化世界を完成することをお誓い致します。

（絶対「性」を守る）
（ために生きる）
　　　　　　　→ 一つの課題として捉える

第5章　神の血統を守るべき祝福家庭

3．血統を守るための日々の信仰生活

1）信仰生活の意義

　これまで、原理的観点、復帰摂理的観点から、血統の重要性について説明してきました。ここからは**実際に、神様の血統を相続して誕生した祝福子女が、日々の生活においていかに血統を守りながら成長していくべきか**、考えます。ここでは具体的に、中高生以上の祝福子女を念頭に置いて、話を進めていきます。

　これまで述べてきたように、神様の血統を守るということは、具体的には日々の生活の中で、絶対「性」を守っていくことを意味します。**中高生、祝福結婚をする前の青年にとっては、絶対純潔を守ること**です。私たちはさらにその土台の上で、**ために生きる実践をしながら、自らの家庭、地域、共同体において、天国のような環境をつくりあげていく**必要があるのです。そのために、私たちがまず心がけるべきことは、天を愛する「信仰生活」を送ることです。

　なぜ、絶対「性」を守り、ために生きる実践をするために、信仰生活が必要なのでしょうか。私たちが暮らしている環境には、残念ながら、いまだに人間始祖の堕落による影響が色濃く残っています。序章で述べたように、「愛が壊れた世界」、すなわち、歪んだ原型から生み出された愛がはびこっている世界の中で、私たちは生活しているのです。

　そのような環境で、自己中心的な欲望に流されることなく、自らを律するとともに、他のために生きる私たちとなっていくためには、**まず自分自身の中に、神様を中心とした価値観を確立する**必要があります。それとともに、**自らの弱い心に打ち克ち、神様の願いに沿って行動できるだけの力を育まなければなりません**。そのような「私」をつくりあげていくために、私たちは信仰生活を送る必要があるのです。

3．血統を守るための日々の信仰生活

■私たちが日々、目指すこと

|神の血統を守る| とは

絶対「性」、絶対純潔
を守ること

その土台の上で

真の父母

家庭、地域、共同体を
天国のような環境に

■なぜ信仰生活が必要なのか

偽りの愛が
はびこる世界

様々な誘惑の中で
絶対「性」を
守っていくために

真の父母　原理

信仰生活を通して
確固とした価値観と
自らを律する力を育む

 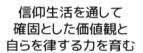

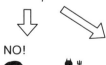

誘惑に打ち克つ　ために生きる

第5章　神の血統を守るべき祝福家庭

2）愛天・愛人・愛国の生活①

　それではさらに具体的に、私たちはどのような信仰生活を心がけていけばよいのでしょうか。ここでは、「愛天・愛人・愛国」という枠組みで説明します。この標語は、真の父母様が早くから、未来世代のための教育機関において、その核となる教育理念として定めてくださったものです。

　第一は、天を愛する、「愛天」の生活です。これは、日々の生活の中で、神様と真の父母様を愛し、侍る(はべ)実践をすることです。具体的には、安侍日(アンシイル)や月初めの敬礼式、礼拝に参加すること、真の父母様のみ言(ことば)を訓読することなどがまず挙げられます。また、祈りを通して、神様、真の父母様と対話し、報告する生活を心がける必要があります。さらに、何事にも感謝の心を持つ、天の前に誓った約束を守るということも、愛天生活に入るといえるでしょう。このような生活をすることで、私たちは神様と真の父母様の愛を受け止め、それを周りに広げる原動力を得ていくことができるのです。

　第二は、人を愛する、「愛人」の生活です。これを言い換えると、まさに「ために生きる」生活となります。私たちは、家庭をはじめ、教会、学校、地域など、様々な場所で人間関係を結びながら生活していますが、そのいずれの場所においても、人を愛し、喜ばせる努力をしていく必要があります。まず、気持ち良く挨拶をする、明るい笑顔で過ごす、美しく丁寧な言葉を使うというところから出発し、周りで困っている人がいれば、積極的に手を差し伸べていく姿勢を育んでいくのがよいでしょう。また、神様を中心とした価値観を伝え、その素晴らしさを実体で示していく「伝道」は、人を愛する最高の実践といえます。

3．血統を守るための日々の信仰生活

■愛天・愛人・愛国

真の父母様が未来世代のための教育理念として定めてくださる

韓国・鮮文（ソンムン）大学本館前の石碑

より詳しく知りたい方はこちらの書籍を参照

■「愛天」の生活

 神
 真の父母様

神様と真の父母様を愛し、侍る実践

- 安侍日、月初めの敬礼式
- 礼拝参加
- 訓読会
- 報告祈祷
- 感謝の生活 etc…

天の愛を感じて受け止め、周りに広げていく原動力とする

■「愛人」の生活＝「ために生きる」生活

真の父母様
職場
家庭
 教会

 学校
 地域

それぞれの場所で、人を愛し、喜ばせる実践

挨拶、笑顔、
丁寧な言葉遣い、
奉仕活動、人助け、伝道

第5章　神の血統を守るべき祝福家庭

3）愛天・愛人・愛国の生活②

　第三は、国を愛する、「愛国」の生活です。これは、**自分が実際に籍を置く「国家」を愛するという意味だけでなく、自分の周りの環境を愛することや、広くは世界全体を愛することも含む**といえます。また、万物をよく主管することも、ここに入ってくるでしょう。

　万物主管という観点で言えば、まず身の回りの整理整頓をすること、物を大切に扱うこと、環境を守るために意識的に行動することなどが挙げられます。信仰生活の重要な要素の一つである十一条献金も、神様を愛し、世界を愛するための具体的な行動として意識し、実践する必要があります。また、特に青年学生は、体を鍛え、勉学に励む時期ですが、それも将来、社会に貢献し、平和な世界を実現する人材となるために必要な実践であるといえるでしょう。

　このような「愛天・愛人・愛国」の生活を通して、私たちは神様と真の父母様の愛に対する確信と、いかなる人でも愛することのできる人格、社会に貢献していくことのできる実力を兼ね備えた、神様の息子、娘となっていくのです。

　なお、最初こそ、私たちには信仰を動機として自らをつくりあげていく「信仰生活」が必要となりますが、**最終的には、それが「生活信仰」へと昇華**されなければなりません。すなわち、**信仰を特別なものとして意識するのではなく、日々の生活の中で自然に神様と真の父母様に侍り、真の愛で人を愛し、社会に貢献していく実体となっていく必要があるということです。**

　このように、神様を中心とした価値観と真の愛の人格、そして自らを正しく主管することのできる力を備えていくことで、私たちは絶対「性」を守り続けていくことができます。一方で、このような「愛天・愛人・愛国」の生活は、絶対「性」を守る限りにおいてこそ可能になるということも理解する必要があります。神様の愛、生命、血統から離れた「愛天・愛人・愛国」の生活というものは、成立しないからです。

■「愛国」の生活

・周りの環境、地域や国を愛する
・万物を愛する、万物主管

整理整頓、環境保護
十一条献金、心身鍛錬、勉学

⇒ 国を超え、世界のために貢献できる人に

■信仰生活から生活信仰へ

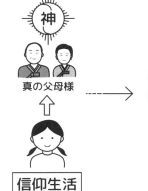

日々の生活の中で自然に
・神様・真の父母様に侍り
・真の愛で人を愛し
・社会に貢献していく実体となる

信仰生活	生活信仰
信仰を動機として愛天・愛人・愛国の生活をし、自らをつくり上げていく	このような実体となって、絶対「性」を守っていく。また、絶対「性」を守ってこそ、このような実体になる。

第5章　神の血統を守るべき祝福家庭

4）サタンの戦略・戦術

　真の父母様は2001年1月13日、神様王権即位式（現・天の父母様王権即位式）を挙行された時に宣布された**天法の第一条として、「神の血統を永遠に守る」ことを挙げられました。**このことからも分かるように、神様の血統を守る、絶対「性」を守ることは、私たちにとって何よりも重要なテーマです。祝福家庭は、神様と真の父母様を通して与えられた神様の血統を、生涯を通して、さらには世代を超えて、永遠に守り抜く責任を与えられているのです。

　このことを祝福子女の立場から捉えるとするならば、一世が祝福結婚を通して受け継いだ神様の血統を、絶対純潔を守ることで保護し、さらに祝福結婚を通して、次世代へとつないでいかなければならないということです。そのために、「愛天・愛人・愛国」の生活を実践することが重要であることは既に述べたとおりです。

　それとともに、**私たちから神様の血統を奪おうとする存在、すなわちサタン的存在がいるということを、はっきりと認識することも重要**です。真の父母様は、激しい霊的闘いを通してサタンの正体を暴いていく中で、サタンの戦略と戦術が何かについても解き明かされました。すなわち、**サタンは堕落した人間を、その血統を条件として主管してきた**のであり、さらに**重ねて、人間を堕落させることで血統を汚すようにして、神様の前に進み出ることができないようにしてきた**というのです。

　私たちの周りには、隙あらば、神様の血統を再び汚そうと狙っているサタン的存在がいることを自覚しなければなりません。それは目に見えない悪霊であったり、その悪霊の影響を受けた人であったりするわけですが、そのような存在が、祝福家庭および祝福子女を再びサタンの血統に引き戻そうと、日々暗躍しています。その侵入を受けないように、条件を奪われない生活を心がける必要があるのです。

3．血統を守るための日々の信仰生活

■天法4項目

・純潔な血統を永遠に守る
・心情を蹂躙(じゅうりん)してはならない
・公金を略取してはならない
・真の家庭の模範を立てる

2001年1月13日

神様の血統を生涯を通して、
世代を超えて
永遠に守り抜く責任

⬇

自分だけでなく、次世代へとつなげていく

そのためにも「愛天・愛人・愛国」の生活を実践していく

■神の血統を奪おうとする存在

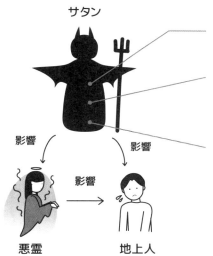

サタン
悪霊　地上人

- 堕落した人間を、その血統を条件として主管
- さらに人間を堕落させ、血統を汚すようにして、神の前に進み出られないようにする
- 祝福家庭、祝福子女を再びサタンの血統に引き戻そうと日々暗躍

サタン的存在の侵入を受けないように、条件を奪われない生活を心がける

第5章　神の血統を守るべき祝福家庭

5）自らを分別し、環境を整える

　それでは、サタンの侵入を受けず、条件を奪われないためには、どのようなことを心がけるべきでしょうか。まずは、先に述べた「愛天・愛人・愛国」の生活を日々、実践することが大切です。

　そして、**祝福子女であれば、何よりも親子でしっかりと向かい合い、関係を築いていくことが重要**です。家庭ごとに様々な事情がある場合もありますが、理想的には、父母に何でも相談し、報告することのできる関係を築いておくことが、自らを守ることにつながります。また、教会の担当者（成和部長、成和次長など）ともよく連絡を取り、報告や相談をするように心がけましょう。

　その上で、学校や職場においては、異性からの相談を二人きりでは受けない、酒・たばこ、合コンの場には行かないなどの分別が必要となります。また、インターネットや漫画などを通して、すぐにポルノなどの淫乱情報が手に入る現代社会において、自らを正しく律する必要があります。

　異性からの相談を二人きりで受けることは、たとえ教会における活動でも避けるべきです。もし、教会の兄弟姉妹との関係において自分の私的な情が異性に流れていることを感じたら、すぐにアベルの立場にいる人に報告しなければなりません。成長段階において兄弟姉妹の情を育むことは、もちろん重要です。ただし、それが行きすぎて男女の愛に転換されないよう、常に注意しましょう。

　いずれにせよ、**自分は大丈夫であると信じすぎないこと**です。**いくら自らを律する力が強くても、環境によっては、横的に流される可能性があることを自覚し、そのような環境をつくらない、そのような環境に近づかない**、という心構えが必要です。安易に、自分は大丈夫だと思い込むのは、サタン的存在の恐ろしさについて無警戒な態度です。**サタンの勢力は常に、神様の血統を持つ祝福子女を狙っている**ことを忘れてはなりません。

3．血統を守るための日々の信仰生活

■サタンの侵入を受けないために

愛天　愛人　愛国
実践

・父母と担当者もよく連携を取る
・父母と何でも話し合える関係を築く
・教会の担当者とも報連相できる関係を築く

■特に気をつけること

スマホでの１対１のやり取りも注意

異性と二人きりでは相談を受けない

サタン的勢力は、常に祝福子女を狙っている

教会の兄弟姉妹関係でも、
私的な情が異性に流れないように注意！

 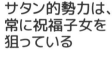
NO!

→ <u>少しでも自覚があれば、
父母、教会担当者に相談・報告する</u>

・自分は大丈夫であると信じすぎない
・誘惑が起こり得る環境をつくらない、近づかない

第5章　神の血統を守るべき祝福家庭

4．血統転換から心情転換へ

1）良心に尋ねる

　本章では、私たちが祝福家庭、祝福子女の置かれた歴史的位置を理解し、その上で絶対「性」を守ること、そして、そのために「愛天・愛人・愛国」の生活を送ることの重要性について述べてきました。また、私たちをいつでも堕落の方向に引っ張っていこうとするサタン的存在と、その分別の仕方についても説明しました。

　ただ、堕落の影響を受けた環境の中で、迫りくる誘惑を退け、常に正しい選択をしていくというのが、決して簡単でないことは事実です。だからこそ、「愛天・愛人・愛国」の生活を通して自らを高めていく努力が必要なのですが、それとともに、神様が私たち一人一人に、正しく生きるための羅針盤を下さっていることについても、自覚する必要があります。

　神様が私たちに下さった羅針盤、それが「良心」です。 真の父母様は、この良心を「第二の神様」であるとも語られ、ともすると楽な方向に流されがちな私たちの体を叱咤激励して、善なる方向に導いてくれる存在であると説明されています。

　また、**真の父母様は「良心は両親に優（まさ）る」、「良心は先生に優る」、「良心は神様に優る」という良心宣言をされながら、私たちのことを誰よりも（神様よりも！）よく知っている良心の声にしっかりと耳を傾け、従う生活をしなければならないと語られています。**

　日々の生活の中で、判断に困るとき、何か引っ掛かりを感じるとき、自らの良心に深く尋ね求める習慣を育んでいきましょう。また、その良心が遺憾なく力を発揮できるよう、常に祈るとともに、み言と「統一原理」（ことば）を学んで、正しい価値観を身につけていきましょう。良心の前に一点の恥ずかしさもないと言える生涯を送ることが、私たちの目指すゴールとなるのです。

4．血統転換から心情転換へ

■神様が私たちに下さった羅針盤

良心の主体は神様
(『原理講論』P.52)

第二の神様

良心は両親、先生、神様に優る！

<u>良心の声に耳を傾け、従う生活を心がける</u>

■私たちの目指すゴール

良心の呵責(かしゃく)を感じたら
すぐ行動を改める

良心に引っ掛かりを感じる
場所からはすぐ離れる

祈りとみ言を通して
良心が遺憾なく力を
発揮できるようにする

<u>良心の前に一点の恥ずかしさもないと言える生涯を目指す</u>

第5章　神の血統を守るべき祝福家庭

２）孝情(ヒョヂョン)を育む

　真の父母様による祝福結婚を通して、サタンの血統から神様の血統に生まれ変わった祝福家庭は、たとえ紆余曲折を経ながらであっても、代を重ねて、その血統を守っていかなければなりません。さらに**その土台の上で、私たちは日々の生活を通して、神様と真の父母様の愛を中心とした「心情転換」を成していく必要があります。**

　サタンの血統から神様の血統に転換されるということは、例えて言えば、ボタンをかけ違えて着ていた服の最初のボタンを、正しくかけ直すということです。それは、服を正しく着るために必ず必要なことではありますが、それで終わりになるわけではありません。二番目以降のボタンもすべて、正しくかけ直さなければならないのです。それが、私たちが日々の「愛天・愛人・愛国」生活を通して、自らの心情を転換していくプロセスになります。

　祝福結婚を通して、神様、真の父母様と親子の関係を結んだ私たちは、これまでの歴史を通して積み上げられてきた悪の習慣を脱ぎ去り、天の願われる新たな習慣を身に着けなければなりません。そうして、**日々、神様と真の父母様に侍(はべ)る生活をする中で、天に対する「孝情」を育んでいくのです。**

　ひとたび、神様、真の父母様との親子関係がしっかりと結ばれ、孝情が育まれていけば、その親を最も悲しませる堕落行為や、それにつながるような行為は、決してできなくなります。そのような境地に至ることを目指して、私たちは歩んでいくのです。

　私たちが祝福結婚を授かったというのは、あくまでも種を頂いたにすぎません。その種を植えて出てくる双葉も、小さく見えるかもしれません。それでも、その価値を信じて、水をやり、肥料を与え、嵐から守っていくのです。その先にこそ、天の父母様の創造理想が花咲き、多くの実を結ぶ未来が待っています。その祝福の最高の価値を信じて、日々、前進してまいりましょう。

4．血統転換から心情転換へ

■血統転換から心情転換へ

 祝福結婚

日々の「愛天・愛人・愛国」の生活を通して

 神様、真の父母様への「孝情」を育む

■ボタンのかけ違い

堕落	人類歴史	祝福結婚	日々の生活

最初のボタンのかけ違い　／　かけ違えたまま続いてきた　／　最初のボタンを正しくかけ直す　／　すべてのボタンを正しくかけ直す

部分的に直そうとしても、直らない

■孝情を育む

真の父母様

両親

私

祝福理想の実現に向かって

心情転換が成され、孝情がしっかりと育まれていけば、神様、真の父母様、両親を悲しませる行為は決してできなくなる。

第5章　神の血統を守るべき祝福家庭

❗ 本章のポイント

- 祝福家庭は、ユダヤ教、キリスト教の信仰の伝統と、真の父母様が払ってこられた多くの犠牲の上で、歴史上初めて、神様の血統に接ぎ木された立場にある。この神様の血統を守り抜くことが、祝福家庭にとっての最優先事項である。

- 祝福家庭が守るべき絶対的指針として与えられているのが、絶対純潔と絶対貞節から成る絶対「性」の基準である。この基準を守ることと、ために生きる真の愛の実践を、一つの課題として捉える。

- 神様の血統を守りながら成長していくために、まず自らの中に神様を中心とした価値観を確立する。それとともに、自らの弱い心に打ち克ち、神様の願いに沿って行動する力を育む。そのために、愛天・愛人・愛国の信仰生活を送るのである。

- 日々の生活の中で、神様と真の父母様を愛し、侍(はべ)る実践をする。家庭をはじめ、教会、学校、地域など、様々な場所で、ために生きる生活を実践する。自分の周りの環境（万物）を愛し、世界全体を愛する。

- 天法の第一条は、神様の血統を永遠に守ること。そのためにも、神様の血統を奪おうとするサタン的存在がいることをはっきりと認識する。その侵入を受けないように、条件を奪われない生活を心がける。誘惑を受ける環境をつくらず、そのような環境に近づかない。

- 神様が人間一人一人に下さった、正しく生きるための羅針盤が良心である。誰よりも自分のことをよく知っている良心の声に耳を傾け、従う生活をする。

- 神様の血統を守りながら、日々の生活を通して、心情転換を成していく。日々、神様と真の父母様に侍る生活をする中で、天に対する孝情(ヒョチョン)を育んでいく。

❓ 話し合ってみよう

- きょうから始められる「愛天・愛人・愛国」の生活には、どのようなものがあるだろう。

- 良心の声が聞こえたことはあるだろうか？

図解 祝福家庭と神の血統
なぜ我々は神の血統を守るのか

2024年12月13日　初版第1刷発行

編　集　天の父母様聖会 世界平和統一家庭連合

発　行　株式会社 光言社
　　　　〒150-0042 東京都渋谷区宇田川町 37-18
　　　　https://www.kogensha.jp

Ⓒ FFWPU 2024 Printed in Japan

ISBN978-4-87656-240-4

定価はブックカバーに表示しています。
乱丁・落丁本はお取り替えいたします。

本書を無断で複写・複製することは、著作権法上の例外を除き、禁じられています。また、本書を代行業者等の第三者に依頼して電子データ化することは、たとえ個人や家庭内での利用であっても、認められておりません。

なぜ我々は神の血統を守るのか
祝福家庭と神の血統

神の血統を永遠に守り抜くために

「純潔の血統を永遠に守りなさい」。二〇〇一年一月十三日、真の父母様は天の国の憲法三か条を発表し、その第一条として、神の血統を永遠に守るべきことを強調されました。これは祝福家庭にとって、まさに生涯のテーマといえます。

本書は、「血統」というテーマを中心として、創造・堕落・復帰の内容を整理し、祝福の意義と価値について解説しています。また、神の血統を守るために、具体的にどのような生活を心がけるべきかについてもまとめています。

祝福の恩恵が世界的、天宙的に広がるこの時代、改めて祝福と神の血統の価値を学び、伝えていくために、本書をぜひご活用ください。

◎ 定価 1,100円
（本体1,000円＋税）
◎ 世界平和統一家庭連合
家庭教育局 編
◎ 四六判 168頁

【目次】

序章
一、カナンの地におけるイスラエル民族
二、祝福家庭が背負う苦悩
三、神の血統を守るという意味
四、真の父母による恩赦
五、神の血統を通して、平和世界の実現を
序章のポイント

第一章 神様の創造理想と結婚
一、アダム・エバ、天使長の創造
二、アダム・エバの成長期間
三、アダム・エバの結婚と愛の完成
四、本然の家庭と創造理想の完成
五、本然の男女の愛と結婚の意義
第一章のポイント

第二章 堕落による創造理想の喪失
一、アダムとエバの堕落
二、堕落の結果
三、愛の原型の変形
四、復帰摂理の目的
第二章のポイント

第三章 血統復帰のための摂理歴史
一、神の血統を復帰するための摂理
二、ヤコブによる長子権復帰
三、タマルの信仰と胎中聖別
四、イエス様を中心とする復帰摂理
五、再臨主を中心とする復帰摂理
第三章のポイント

第四章 祝福結婚の意義と価値
一、神の父母と祝福結婚の伝統
二、祝福結婚の意義
三、血統転換のプロセス
四、理想相対
第四章のポイント

第五章 神の血統を守るべき祝福家庭
一、祝福家庭の歴史的位置
二、絶対"性"の基準
三、苦労は恵みである
四、血統問題と恩赦の捉え方
五、血統を守るための日々の信仰生活
六、子女に対する血統教育
七、血統転換から心情転換へ
第五章のポイント

ご注文は「光言社オンラインショップ」で
https://www.kogensha.jp/shop/

愛天 愛人 愛国
One hundred messages for you
*100*のメッセージ

新たな門出に。
若き青年たちに贈るみ言集

天一国経典のみ言を中心に、若者に向けた信仰生活の指針となるみ言を厳選しました。「愛天愛人愛国」をテーマに、「孝情」「純潔」「勉強」など青年期において必要とされるメッセージがまとめられています。右ページに要点のみ言、左ページにそのみ言の本文を掲載し、見開きでポイントと詳細を確認するスタイルになっています。プレゼントに最適です。

【目次】
序　章　愛天愛人愛国
第一章　良心　●良心宣言　●良心革命
第二章　愛天　●天に侍る　●真の父母に侍る　●孝情　ほか
第三章　愛人　●真の愛　●ために生きる実践　●純潔　ほか
第四章　愛国　●自己主管　●勉強　●韓国語　ほか

◎ 定価　880円（本体800円＋税）
◎ 世界平和統一家庭連合 編
◎ 文庫判 216頁

祝福準備のための「純潔」み言集
真の愛を育む道

　本書は、真の愛と純潔に関する真の父母様のみ言を選んで編集した一冊です。中高生でも理解しやすいよう、難しい言葉には解説を加え、理解度をチェックできるワークシートもつけました。
　なぜ「純潔」を守り、「祝福」を受けることが幸せにつながるのか。子女たちが祝福に向けて希望を持って準備していけるよう、親子で学んでいただきたいみ言集です。

【目次】
第一章　愛って何だろう？
第二章　キケン！　偽りの愛だらけの世の中
第三章　純潔を守るって素晴らしい
第四章　兄弟姉妹の愛を育もう
第五章　偽りの愛は「堕落」から始まった
第六章　宇宙主管を願う前に自己主管を完成せよ
第七章　天のピュア・ウォーターとして

◎ 定価 1,210円（本体1,100円＋税）
◎ 世界平和統一家庭連合 編
◎ 四六判 152頁

ご注文は「光言社オンラインショップ」で
https://www.kogensha.jp/shop/

祝福カップルのための40日み言訓読教材

[真の父母様のみ言集]
ふたりで訓読
幸せな祝福結婚

「二人で同じ条件を立てたい」「一緒に訓読できるみ言集がほしい」。本書はそんな思いに応えた訓読教材です。祝福の意義と価値や、家庭生活に対する実践的なみ言を分かりやすくまとめました。

40日分に分けることで精誠条件に活用しやすくし、簡単なワークを通してみ言の理解を深め、感じた内容を共有できるように工夫しました。

カップルでの訓読による互いの成長を、サポートするみ言集です。

◎ 定価 1,100円（本体1,000円＋税）
◎ 世界平和統一家庭連合 編
◎ 四六判 216頁

【目次】

第一章　神様が人間を創造された理由
1　創造の目的は喜び
2　人間は神様の愛の相対
3　男性と女性を通して愛を実現　ほか

第二章　人間の堕落と復帰
7　堕落とは何か
8　父母なる神様の深い心情
9　堕落の結果　ほか

第三章　真の父母と祝福
11　メシヤを通した血統転換
12　真の父母と私たち
13　祝福結婚の意味　ほか

第四章　祝福に対する心構え
16　祝福を受ける姿勢
17　理想相対を求める前に
18　祝福後の基準　ほか

第五章　真の夫婦の愛
20　愛が持つ性質
21　与えて、与えて、忘れる愛
22　相手のために存在する二人　ほか

第六章　家庭
31　家庭が持つ価値
32　家庭は真の愛の訓練場
33　四大心情圏を通した人格形成　ほか

ご注文は「光言社オンラインショップ」で
https://www.kogensha.jp/shop/